Laufen
für Einsteiger

Das ultimative Training

blv

GOTTWALD
KREISELMEIER

Was du in diesem Buch findest

Hallo!	6
Laufen? Muss das sein? Ich finde Laufen langweilig!	7
Für so was Einfaches brauche ich keinen Plan!	9

Schuhe und Bekleidung — 11
Schuhe	12
Bekleidung	20

Die Trainingseinheit — 27
Wie eine Trainingseinheit ablaufen soll	28
Mobilisieren	30
Lauf-Abc	37
Kräftigung outdoor	42
Dehnen	51

Rumpfkräftigung für zu Hause — 61
Rumpfkräftigung	62

Die Lauftechnik — 69
Der Laufstil	70

Das Tempogefühl 79
Welches Tempo soll ich denn nun laufen? 80

Laufen bei Hitze und bei Kälte 85
Laufen bei Hitze 86
Laufen bei Kälte 88

Laufen und Ernährung 93
Abnehmen durch Laufen 94

Der erste Wettkampf 103
Und was nun? Ein Ausblick 104
Das erste Rennen 106

Trainingspläne 117
Deine Trainingspläne! 118
Kopiervorlagen 134

Ausgleichssportarten 137
Ein Ausgleich zum Laufen 138

Stichwortverzeichnis 142
Über die Autoren 143

Hallo!

Der Lauffunke glimmt bereits in dir*! Wir möchten mit dir aus diesem Funken ein dauerhaftes Lauffeuer machen.

Wir möchten dich auffordern, eine neue Welt zu entdecken – jenseits von Chips und Fernseher, Handy und Aufzug, Passivität und dem diffusen Gefühl, dich irgendwie bewegen zu müssen.

Wir möchten dir zeigen, wie du ohne Druck und Zwang, dafür mit Freude ins gesundheitsorientierte Laufen einsteigen kannst, wie du mit über- und durchschaubarer Struktur ein realistisch klares und sinnvolles Ziel erreichst und wie du Laufen vielleicht zu deiner neuen Leidenschaft machst.

Und denk immer daran, Laufen ist ein Universalmedikament, das gegen Wohlstandskrankheiten hilft bzw. ihnen vorbeugt, das dich optimistisch und gut gelaunt macht, das deine Sicht auf die Welt ändern kann – und das alles frei von jeder Nebenwirkung.

Lass dich in deinem Vorhaben, mit dem Laufen zu beginnen, von nichts und niemandem beirren. Es gibt immer noch Zeitgenossen, die Laufen für überflüssige Zeitverschwendung halten. Das Gegenteil ist längst eindeutig wissenschaftlich belegt.

Wie in allen anderen Bereichen deines Lebens wird es auch bei diesem Laufprojekt Höhen und Tiefen geben. Lass dich davon nicht irritieren. Ein Lauftraining, unabhängig davon, ob es sich um dein Projekt handelt oder um das eines Hochleistungsathleten, wird immer Phasen haben, in denen du dich fragst: »Bin ich hier im falschen Film?« Auf der anderen Seite wirst du aber reichlich mit sehr befriedigenden Augenblicken belohnt.

Der hohe Lebens*standard* in unserer westlichen Welt legt den fatalen Trugschluss nahe, auch im Besitz einer hohen Lebens*qualität* zu sein. Unzählige körperthematisierende Strömungen machen deutlich, wie sehr wir auf der Suche nach Sinn sind, wie sehr wir persönliche Freiräume schaffen wollen, wie sehr wir uns nach einem Stück echter Selbstbestimmung sehnen, wie sehr wir, uns stetig verändernd, nach einer besseren Lebensqualität suchen und wie sehr wir den Wunsch haben, unser Glück doch selbst schmieden zu können.

Lass dich auf dieses Lauf-Projekt ein. Sei neugierig. Genieße die Lust, eine andere, neue Seite von dir zu entdecken und kennenzulernen.

Los geht's!

Peter M. Gottwald & Lars Kreiselmeier

---

* Weil es gängige Praxis unter Läufern ist und als Zeichen für ein entspanntes Miteinander steht, haben wir uns für das »du« entschieden.

Laufen? Muss das sein? Ich finde Laufen langweilig!

Laufen ist natürlich nicht langweilig. Sonst würden nicht so viele Menschen das Laufen schätzen und regelmäßig draußen sein. Wir wissen, dass es sich zunächst nicht so recht erschließt, wie schön Laufen ist. Du musst es selbst probieren. Nur so erfährst du, dass Laufen gut investierte Zeit ist, in der du dich keineswegs quälen musst. Vielleicht denkst du, zum Laufen fehlt dir Selbstvertrauen, du hast keine Lust oder Laufen ist gar nicht dein Ding. Woher nimmst du diese Gewissheit? Hast du es probiert? Diese Denkweise nennt man *lineare Kausalität*. Mach es umgekehrt: Denk *zirkulär kausal*. Ganz praktisch: Hol dir Selbstvertrauen und Lust am Laufen über's Laufen selbst.

Du machst dich nicht lächerlich, wenn du läufst. Läufer gehören zum öffentlichen Bild und fallen nicht weiter auf. Abgesehen davon: Wenn dich jemand lächerlich findet, so ist das dessen Problem, nicht deines.

Die Laufbewegung ist zyklisch und mag monoton wirken. Gerade in dieser Monotonie liegt aber der große Reiz, der das Laufen von den stets Aufmerksamkeit erfordernden Sportarten wie z. B. Radfahren deutlich unterscheidet. Diese Monotonie hat etwas Meditatives und Kontemplatives und bietet dir somit einen echten Gegenpol zu unserem in der Regel stressigen Arbeits- oder vielleicht auch Privatleben. Ausdauersport hat etwas Beruhigendes, weil das vegetative Nervensystem positiv angesprochen wird.

Zu guter Letzt: Laufen ist nicht nur schön, sondern im Vergleich zu anderen Sportarten auch besonders effizient, was die positiven Auswirkungen auf deinen gesamten Organismus angeht. Deine verbesserte Kondition unterstützt dich spürbar in Alltagsaktivitäten wie Treppensteigen oder der Bewältigung stressiger Situationen und in allen anderen Sportarten, die du vielleicht betreibst, wie z. B. Radfahren, Schwimmen, Golfen oder Wintersport. Laufen ist preiswert, du kannst immer und überall unterwegs sein.

Deshalb ist Laufen schön!

Denk nicht so viel!

Wir haben in unserer Zivilisation ein sehr intellektuelles Verhältnis zum Laufen. Wir denken vor, während und nach dem Laufen viel über den Sinn und Zweck des Laufens nach und sind geneigt, nach Kausalitäten zu suchen wie z. B.: »Wenn ich so und so lange laufe, verbrenne ich so und so viele Kalorien«, oder: »Wenn ich zu viel laufe, schade ich mir.« Lös dich bitte davon! Lauf mal vollkommen sinnfrei – Laufen um des Laufens willen.

Oft geben wir uns damit zufrieden, zur Erkenntnis gekommen zu sein, laufen zu wollen, ohne diese dann auch umzusetzen. Nimm ein großes Blatt Papier und schreibe (bitte nicht drucken, sondern mit der Hand schreiben!) darauf: ICH LAUFE! Häng es gut sichtbar auf.

Für so was Einfaches brauche ich keinen Plan!

Du möchtest etwas Tolles kochen und weißt nicht so recht, wie das geht? Klar, du kaufst dir ein schickes Kochbuch. Du möchtest laufen? Ein Laufbuch kaufen? Na ja, laufen kann ich doch allein – irgendwie klappt das schon. Ich gehe einfach spontan raus. Doch genau damit fängt dein Dilemma an: Spontane Dinge sind immer nur solche Dinge, die du schon mal gemacht hast. Tapp nicht in diese Spontaneitätsfalle.

Du brauchst also ein Rezept, sprich einen Trainingsplan. Sei ehrlich zu dir: Wie der aussehen kann und soll, weißt du nicht so recht?! Aber genau deshalb bist du jetzt stolzer Besitzer dieses Buches. Deine Trainingspläne findest du weiter hinten. Nimm einen Kalender und plane jeweils deine gesamte Woche, eben auch deine Lauftermine. Du wirst sehen, die pure Existenz des Plans und der Termine in deinem Kalender motivieren dich. Triff Verabredungen mit dir selbst, an die du dich auch hältst.

Der Plan lässt dich nicht ins Blaue hinein trainieren, sondern ermöglicht dir ein klar und überschaubar strukturiertes, zielgerichtetes Vorgehen. Somit hast du eine hohe Gewähr, dein Laufziel nachhaltig, mit Spaß, unverletzt und vor allem gesund zu erreichen.

Das Ziel unseres Buches: Wir möchten, dass du dreißig Minuten, in der zweiten Stufe sechzig Minuten am Stück in deinem Tempo laufen kannst. Das ist die klassische Dauer eines gesundheitsorientierten Trainingslaufes. Wir möch-

ten, dass du deine Kondition, nämlich deine Kraft, Ausdauer und Beweglichkeit, deutlich verbesserst. Weiterhin möchten wir, dass du Freude am Laufen gewinnst und erfährst, wie ein sinnvoll und seriös strukturiertes Lauftraining gestaltet ist.

Das Ziel deines Projekts ist absehbar. Du verfolgst über einen bestimmten Zeitraum ein genau definiertes Ziel, von dem du sehr sicher sein kannst, dass du es – sofern du deinen Plan wirklich konsequent umsetzen kannst – erreichst.

Such dir bereits vor dem Training – während einer kleinen Fahrradtour oder eines Spaziergangs – eine schöne Laufstrecke und ein ruhiges Plätzchen für deine Übungen vor und nach dem Laufprogramm.

Laufen als Privileg

Denk immer daran, dass du unter gesellschaftlichen Bedingungen lebst, die es dir erlauben, deine Runden zu laufen. Viele Menschen können nicht laufen: Gesellschaftliche Umstände, Religion, Armut, Krieg, fehlende Information, fehlendes Bewusstsein, Krankheit, Unfall … Freu dich, dass du laufen kannst und dass du dein Training frei und unabhängig gestalten kannst, auch wenn es vielleicht mal anstrengend ist, weil es bergauf geht oder regnet.
Und: Laufen ist selbstbestimmter Freiraum, wenn nicht einer der letzten.

Schuhe und Bekleidung

Schuhe sind wurscht, ich lauf in meinen alten Tennisschuhen, und das Baumwollshirt tut's auch noch!

Kleiner Exkurs zum Thema Schuhe, deren richtiger Wahl und zum Sinn moderner Funktionsbekleidung

Schuhe

Kauf dir Schuhe und Bekleidung! Geh in ein Laufsport-Fachgeschäft. Erwarte freundliche und geduldige Behandlung! Lass dich ausführlich beraten! Scheu dich nicht, vermeintlich dumme Fragen zu stellen. Genieß das Neue. Vergleich es mit dem Kauf eines festlichen Abendkleides für ein großes Ereignis. Auch dein Lauftraining ist ein großes Ereignis.

Das mit Abstand wichtigste »Trainingsgerät« des Läufers sind seine Laufschuhe. Im Gegensatz zu den Naturvölkern haben wir in der westlichen Zivilisation das natürliche Laufen ein wenig verlernt. Seit unserer Kindheit haben wir gelernt, in Schuhen zu gehen. Unsere Fußmuskulatur hat sich dabei zurückgebildet und ist nicht mehr angemessen belastbar. Das merken wir spätestens

Laufen auf Asphalt

Das Laufen auf Asphalt hat keinen guten Ruf. Dennoch werden die meisten von uns viel auf Asphalt unterwegs sein. Entgegen allen Gerüchten und Vorurteilen ist das Laufen auf Asphalt jedoch vollkommen unproblematisch, solange du mit geeigneten Laufschuhen unterwegs bist. Ein gewisser Vorteil liegt sogar darin, dass der Fuß sauber geführt wird und daher die Verletzungsgefahr im Vergleich zum Offroad-Laufen sinkt. Im Sinne der Abwechslung hingegen ist es natürlich sinnvoll, auch auf anderen Untergründen zu laufen.

dann, wenn wir barfuß über einen Schotterweg gehen. Die Füße fangen bei jedem Stein an zu schmerzen, sobald sie sich in die Fußsohle drücken. Kinder haben diese Probleme im Übrigen nicht.

Die Laufschuhindustrie bietet uns Läufern eine verwirrend breite Palette an Schuhen. Sie versucht durch immer innovativere Schuhkonstruktionen und Marketingstrategien, den Läufer für sich zu gewinnen. Neue Materialien, gepaart mit den neuesten Erkenntnissen aus der Biomechanik, fließen in die Konstruktion von Laufschuhen ein.

So hast du als angehender Läufer auf der einen Seite die Möglichkeit, »deinen« Schuh zu finden, aber mit der Qual der Wahl auch das Problem, das richtige Modell zu wählen.

Wir möchten dir einige Informationen über die verschiedenen Fußtypen, die richtige Laufschuhwahl und einige Tipps und Tricks an die Hand geben.

Fußtypen

Normalfuß

Der »Normalfuß« besitzt ein Längsgewölbe und im Ballenbereich ein Quergewölbe. Das Gewölbe hilft dem Fuß, unter Belastung den Körper langsam und natürlich zu dämpfen. Der Abrollvorgang beginnt mit dem Aufsetzen der Ferse auf der Außenseite. Beim Abrollen erfolgt

eine leichte Innenrotation bzw. ein leichtes Ein-
knicken des Mittelfußes. Man nennt das auch
»natürliche Pronation«. Über den zweiten Zeh
drückt sich schließlich der Fuß vom Boden ab.
Dieser Fußtyp hat die geringsten Probleme
beim Laufschuhkauf und kommt auch mit
preiswerteren Modellen zurecht, vorausgesetzt,
das Körpergewicht stimmt.

Senk-Spreizfuß/Plattfuß

Verflacht sich das Längsgewölbe durch eine
zu schwache Fußmuskulatur, spricht man von
einem Senkfuß. Meist entsteht in Kombination
mit dem »Einbrechen« des Quergewölbes durch
die Spreizung des Fußes der sogenannte Senk-
Spreizfuß.

Betrachten wir den Abrollvorgang, kommt der
Fuß zunächst wie ein Normalfuß auf. In der
Stützphase kann der Fuß das eigene Körper-
gewicht nicht abfangen und stabilisieren. Es
kommt zu einer Überpronation und zu einer
Fehlbelastung von Fuß, Knie, Hüfte und dem
Rücken. Der Schuh sollte beim Kauf, je nach
Gewicht und Fehlstellung, über eine mehr
oder weniger ausgeprägte Pronationsstütze
verfügen.

Der Plattfuß ist eine extreme Abflachung des
Fußgewölbes und fühlt sich meist in einem
geraden Leisten wohl.

Hohlfuß

Hohlfüße sind stark gewölbt und sehr steif. Sie
sind dadurch wenig flexibel. Das harte Auftreten
auf der Ferse und auf dem Vorfuß kann nur
mäßig abgefedert werden. Aufgrund des extrem
hohen Gewölbes wird die Plantarfaszie, das ist

die Sehnenplatte der Fußsohle, einer enormen
Zugbelastung ausgesetzt. Deshalb raten wir
dringend zu einer weichen, orthopädischen
Sporteinlage.

Bei der richtigen Wahl des Laufschuhs sollte
der Schaft eine ausreichend hohe Risthöhe
besitzen, um unangenehmen Druck bei der
Schnürung zu vermeiden. Bei Bedarf einfach
die Ösen im mittleren Schnürbereich auslassen.
Er sollte sehr gut gedämpft und flexibel sein.

Trailrunning

Trailrunning nennt man das Laufen abseits
von Wegen, man kann auch Wald- oder
Landschaftslauf sagen. Das Laufen auf un-
befestigten Wegen mit natürlichen Hinder-
nissen erfordert einen gut vorbereiteten
Bewegungsapparat, gutes Koordinationsvermögen, Trittsicherheit und einen auf-
merksamen, konzentrierten Blick auf den
Untergrund. Es gibt Trailrunning-Schuhe,
die dir den notwendigen Halt und Grip geben. Ein wirklich schöner Geländelauf abseits der üblichen Routen kann zum tollen
Erlebnis werden und stellt eine anspruchs-
volle, aber befriedigende Trainingseinheit
dar. Denk aber bitte daran, dich erst dann
ins Gelände zu wagen, wenn dein Trainingsstand es wirklich zulässt. Durch den
ständig wechselnden, fordernden Untergrund erhöht sich natürlich auch das Verletzungsrisiko.
Und denk an die Natur, die abseits üb-
licher Wege noch intakt ist und unversehrt
bleiben soll.

Laufschuharten

Im Folgenden machen wir mit dir einen kleinen Exkurs. Du erfährst auf dieser Seite mehr über die verschiedenen Laufschuhtypen und kannst dir vorab einen groben Überblick verschaffen. Wir beleuchten dabei alle wesentlichen Bereiche wie Dämpfungseigenschaften, Flexibilität im Vorfußbereich und Stabilität eines Laufschuhs. Außerdem zeigen wir, für welche Art von Läufer die einzelnen Schuhtypen jeweils geeignet sind und für welchen Einsatzbereich sie verwendet werden.

Mach Laufen zur Gewohnheit und zum Ritual!

Mühelose Gewohnheiten werden mühevoll erworben. Denk an deine Kindheit: Waschen, Zähne putzen, Haare schneiden, ins Bett gehen, essen, aufräumen … das alles mochten wir nicht. Die stressige Phase des Probierens musste mühevoll überwunden werden. Aber wir können dich trösten: Die Stressphase ist beim Einstieg ins Laufen kürzer, als du denkst. Nach etwa sechs Wochen wird dir etwas fehlen, wenn du mal nicht zum Laufen kommst.

Mach das Anziehen der Schuhe und Klamotten zum Ritual. So wie ein Schauspieler sein Kostüm ankleidet oder du dich mit Vorfreude festlich anziehst, wenn du zu einer Feier eingeladen bist.

Cushion

Sehr gute Dämpfungseigenschaften ohne Stützelemente, geringe Flexibilität im Vorfuß, für passive Läufer ohne Fußfehlstellung.

Stabil

Sehr gute Dämpfungseigenschaften mit mittleren bis sehr starken Stützelementen, geringe Flexibilität im Vorfuß, für passive Läufer mit Fußfehlstellungen.

Light

Gute Dämpfungseigenschaften mit oder ohne Stützelemente, gute Flexibilität im Vorfuß, für aktive Läufer im Training bzw. passive Läufer im Wettkampf.

Trail

Gute Dämpfungseigenschaften mit oder ohne Stützelemente, sehr geringe Flexibilität im Vorfuß, aktive Läufer sollten auf ausreichend Flexibilität achten.

Wettkampf

Sehr geringe Dämpfungseigenschaften, meist keine Stützen, sehr gute Flexibilität im Vorfuß, passive Läufer ohne Fehlstellung im Wettkampf, aktive Läufer im Training und Wettkampf.

Spikes

Keine Dämpfungseigenschaften, je nach Art mehr oder weniger Flexibilität, für aktive Läufer oder Crossläufer im Wettkampf.

»Barfußschuhe«

Keine Dämpfungseigenschaften, sehr gute Flexibilität im Vorfuß, für Lauf-Abc oder kurze Läufe auf weichem Untergrund.

Laufschuhkunde

Größe

Die Schuhgröße ist ein wichtiges Maß, um Spaß beim Laufen zu garantieren. Dein »Trainingsgerät« muss zu dir passen! Anthropometrische Studien zeigen bei einer Vielzahl von Menschen, dass die Füße nicht nur unterschiedlich lang sind, sondern auch die Fußbreite unterschiedlich ist. Die Industrie reagierte darauf und bietet unterschiedliche Weiten bei gängigen Modellen an. Die richtige Größe lässt sich jedoch erst im Schuh feststellen. Wähle deinen Laufschuh eine Nummer größer als deinen Straßenschuh. Der Fuß bewegt sich beim Abrollen im Schuh etwa ein bis zwei Zentimeter nach vorn. Eine Daumenbreite Platz, gemessen vom längsten Fußglied zur Schuhspitze, ist als Ausgleich ausreichend. Außerdem flacht das Längsgewölbe bei Ermüdung ab, wodurch der Fuß länger wird. Ein guter Laufschuh bietet einen guten Halt im Fersen- und Mittelfußbereich, stützt und führt den Fuß optimal beim Abrollen und ermöglicht dem Fuß, sich frei zu entfalten, ohne zu »schwimmen«.

Obermaterial

Leder als Schaftmaterial, wie es früher zu Opas Zeiten noch üblich war, ist Vergangenheit. Heute werden bei der Herstellung von Laufschuhen luftig-leichte synthetische Obermaterialien verwendet. Der Schaft umhüllt, schützt und führt den Fuß während des Abrollvorgangs und sorgt gleichzeitig für ein angenehmes Fußklima, das die Feuchtigkeit vom Fuß abtransportiert. Das Obermaterial soll reißfest sein und der hohen Belastung vor allem während der Stützphase standhalten. Im Bereich der Großzehe sollte sich eine Verstärkung befinden, um ein Durchscheuern der Zehe zu verhindern.

Zwischensohle

Die Zwischensohle ist das Herzstück des Laufschuhs. Je nach Hersteller können unterschiedliche Dämpfungselemente im geschäumten EVA-Material eingebaut sein. Sie dient dazu, die hohen Stoßkräfte im Fersenbereich abzufedern und die Stoßbelastungen auf den Bewegungsapparat zu absorbieren. Zudem soll sie den Fuß führen und ihn während des Abrollvorgangs genügend stützen. Im Idealfall wird ein Teil der Energie in der Sohle gespeichert und beim Abdrücken wieder zugeführt. In Abhängigkeit von Körpergewicht, Beinstatik, Lauftempo, Lauftechnik und Untergrund zeigt sich, dass es mehrere Modelle geben muss. Ein Modell ist nicht für alle gut! Läufer mit höherem Gewicht benötigen einen etwas härteren Schuh, um nicht »durchzuschlagen«. Das aufgeschäumte EVA-Material besteht aus mehr oder weniger großen Luftbläschen. Je kleiner die Luftbläschen sind und je mehr Luftbläschen sich im EVA-Schaum befinden, desto härter wird die Zwischensohle.

Mach einen Gesundheitscheck!

Egal, wie jung oder sportlich du bist oder dich fühlst, lass dich vor Antritt des Trainings und einmal im Jahr von einem kompetenten Arzt durchchecken: EKG unter Belastung, Lungenfunktionstest, großes Blutbild. Sicherheit für dich und deine Familie.

Einlagen

Speziell angefertigte orthopädische Einlagen vom laufaffinen Schuhmacher sollten nur vorübergehend als kurzfristige Therapie genutzt werden. Eine Einlage nimmt dem Fuß Arbeit ab, er wird sozusagen »faul«. Durch diese Entlastung nimmt also die Belastbarkeit sogar noch weiter ab. Es ist daher für alle Einlagennutzer absolut notwendig, mit einigen wenigen Übungen regelmäßig die Fußmuskulatur zu kräftigen. Um es dem Fuß nicht langweilig werden zu lassen, solltest du ab und zu auch einmal ohne Einlagen laufen.

Laufgelände

Unterschiedliche Gelände benötigen unterschiedliche Schuhe. Beispielsweise ist es sinnvoll, beim Geländeläufen, dem Trailrunning, stabilere Schuhe (Trailrunning-Schuhe) mit festerer und stärkerer profilierter Sohle zu verwenden. So verhinderst du eventuelles Umknicken und bekommst den nötigen »Grip« durch das tiefere Profil. Für Läufe auf befestigten Waldwegen und für das Laufen auf der Straße kannst du dieselben Trainingsschuhe nutzen. Flache und wenig gedämpfte Schuhe (Wettkampfschuhe) eignen sich für Läufe auf der Bahn und sollten nur für ausreichend Trainierte zum Einsatz kommen.

Kaufberatung

Eine gute Laufschuhberatung steht und fällt mit der Qualifikation, dem Know-how und der Erfahrung des Verkäufers. Eine Video-Laufanalyse mit Laufband ist heute, aufgrund stark gestiegener Ansprüche, kein Garant für ein kompetentes Laufschuhgeschäft. Der beste Weg zu einer guten Adresse führt in der Regel über Freunde, Ärzte, Therapeuten oder auch Internetforen.

Wie erkennst du eine gute Beratung in der Praxis? Ein guter Verkäufer beginnt mit gezielten Fragen, um sich ein genaues Bild von dir zu machen:

- Wie lange läufst du schon?
- Auf welchen Untergründen bist du unterwegs?
- Wie oft oder wie viele Kilometer läufst du pro Woche?
- Hast du orthopädische Beschwerden?
- Trägst du Einlagen?
- Wie ist dein Körpergewicht?

Wenn du bereits Laufschuhe hast, wird der Berater idealerweise den Abrieb der benutzten Schuhe begutachten. Er wird einige Tests machen und dich barfuß und mit verschiedenen Modellen per Video auf dem Laufband analysieren. Je nach Fußtyp entscheidet er über den richtigen Laufschuh. Leg Wert darauf, mindestens drei verschiedene Modelle, wenn möglich verschiedener Hersteller, auszuprobieren.

Die entscheidenden Punkte beim Kauf neuer Schuhe sind das Probetragen und das aktive Laufen. Ein wirklich gutes Geschäft schickt dich mit dem Schuh deiner Wahl vor den Laden, damit du den Schuh im Freien testest und so einen praktischen und genaueren Eindruck bekommst.

Nimm dir dafür wirklich Zeit und achte darauf, dass der Fuß optimalen Halt im Fersen- und Mittelfußbereich hat, sich der Laufschuh gut trägt und an keiner Stelle drückt. Der Schuh muss sich wie eine zweite Haut anfühlen. So banal und simpel es klingt: Der Schuh muss passen.

10 Tipps zum Schuhkauf

- Such dir ein Fachgeschäft mit guter Beratung und Video-Laufanalyse.
- Kauf dir Laufschuhe abends oder nach dem Training.
- Nimm deine orthopädischen Einlagen mit.
- Bring, sofern vorhanden, deine alten Laufschuhe mit.
- Nimm Socken mit.
- Bring ausreichend Zeit mit. Ein Laufschuhkauf kann durchaus eine Stunde oder mehr Zeit in Anspruch nehmen.
- Probiere mindestens drei Modelle und sei dabei nicht auf ein bestimmtes Modell fixiert.
- Vergiss die Optik, nur die Funktionalität zählt letztlich.
- Schau nicht auf den Preis. Der teuerste muss keineswegs der richtige Schuh für dich sein.
- Ein gutes Fachgeschäft nimmt Laufschuhe auch über einen Zeitraum von zwei Wochen zurück, wenn sie sich als Fehlkauf entpuppen.

Gesundheit ist kein Zustand, sondern eine Tätigkeit!

Gesundheit ist kein einmaliger, für immer und ewig mit Sicherheit erworbener Zustand. Gesundheit ist Aktivität und Bewegung. Krankheit und eben auch Gesundheit machen wir uns selbst auf die Art und Weise, wie wir mit unserem Körper umgehen. Gesundheit braucht Training und setzt kontinuierliches Arbeiten voraus. Die Belohnung ist dir sicher.

Die Hersteller von Laufschuhen beziffern die Haltbarkeit von Laufschuhen auf ungefähr 1000 Kilometer bei Trainingsschuhen und etwa 400 Kilometer bei Wettkampfschuhen. Das ist jedoch abhängig von verschiedenen Faktoren:

- Körpergewicht
- Laufstil
- Laufuntergrund
- Qualität des Materials in der Zwischen- und Außensohle
- Art des Laufschuhs
- Einsatzhäufigkeit
- klimatische Bedingungen

Eine gute Dämpfung spürst du erst wieder, wenn du einen neuen Laufschuh probierst. Selbst erfahrene Läufer gewöhnen sich an ihre Schuhe und nehmen den Verschleiß nur bedingt wahr.

Optische Anzeichen für Verschleiß lassen sich gut mit einem Blick auf die Außensohle feststellen. Dein Abrollverhalten hinterlässt an der Sohle individuelle Spuren. Zeigt sich ein deutlicher Abrieb an der Ferse außen bzw. unter dem Ballen oder ist der Schuh in seiner Geometrie deformiert und steht vielleicht sogar schief, solltest du dir neue Schuhe kaufen. Wirf deine alten Schuhe nicht gleich in den Müll. Gib deinen Füßen Zeit, sich an das neue Trainingsgerät zu gewöhnen. Wechsel die Schuhe noch einige Wochen durch. Nimm die ausrangierten Schuhe mit zum Kauf der neuen Schuhe. An der Abnutzung der Sohle kann ein versierter Laufschuhberater Charakteristika deines individuellen Laufstils erkennen. So kann er dir Empfehlungen zu möglichen Verbesserungen geben und den optimalen Schuh wählen.

Schnürung

Wer kennt das nicht – offene Schnürsenkel. Nichts ist nerviger als eine aufgegangene Schnürung beim Laufen. Um dieses Problem zu lösen, geben wir dir einige hilfreiche Tipps. Um seinen »Job« gut zu machen, muss der Schuh den Fuß im Mittelfuß und an der Ferse optimal umfassen und halten. Der Fuß nimmt bei Belastung an Volumen zu, braucht aber dennoch genügend Halt, um nicht umherzurutschen. Achte auf eine dosierte, nicht zu feste Schnürung. Idealerweise beginnst du sie von unten nach oben Öse für Öse richtig zu dosieren. Der Fuß wird dadurch perfekt umschlossen. Blasen können so vermieden werden.

1 + 2 Das Problem der offenen Schnürsenkel lässt sich ganz einfach beheben, indem du einen doppelten Knoten machst oder die Schlaufe zweimal umschlingst.

3–5 Um einen guten Fersenhalt zu bekommen, geh wie folgt vor: Mithilfe der Ösenschnürung kannst du deinen Schuh angenehm fest zuschnüren und hast perfekten Halt, ohne dass es am Rist drückt.

Bekleidung

Der Laufsport hat gegenüber vielen anderen Sportarten den großen Vorteil, dass du jederzeit und überall laufen kannst. Das macht Laufen so attraktiv. Im Grunde kannst du dabei auch auf eine teure Ausrüstung verzichten und anziehen, worauf du gerade Lust hast. Laufen ist zum Volkssport geworden und bereits mit einer Hose, einem Shirt aus Baumwolle oder besser aus Funktionsmaterial und den richtigen Laufschuhen kannst du deinen Sport ausüben. Nachteil von Baumwolle – sie saugt sich mit Schweiß voll, wird schwer und transportiert die Feuchtigkeit nicht ab. Bei kühlerer Witterung liegt die feuchte Kleidung am Körper wie ein nasser Sack, und es kann zu einer schnellen Abkühlung des Körpers kommen. Dafür bietet dir die Laufsportindustrie Innovationen an, die den Komfort deutlich verbessern. Den Unterschied wirst du erst bemerken, wenn du atmungsaktive Kleidung getragen hast.

Unser Tipp: Wenn du beim Loslaufen ein wenig frierst, hast du dich richtig gekleidet. Die meisten Läufer ziehen sich zu warm an!

Socken

Socken sind das Bindeglied zwischen Fuß und Schuh und sollten wie eine zweite Haut passen. Eine gute Passform ist enorm wichtig, damit sie ideal am Fuß anliegen können. Synthetische Materialien haben sich bei der Herstellung von Laufsocken bewährt. Sie transportieren die Feuchtigkeit schnell vom Fuß ab und bieten einen sehr guten Komfort. Laufsocken gibt es der anatomischen Form entsprechend als rechte und linke Socke. Für Damen gibt es spezielle Socken, die der schlankeren weiblichen Fußform angepasst sind. Im Zehenbereich sollten keine Nähte zu finden sein. Von Baumwollsocken oder schlecht sitzenden Socken raten wir dir ab. Sie können Falten werfen und führen zu einer erhöhten Reibung am Fuß. Blasen sind die Folge. Gute Socken besitzen im Fersen- und Zehenbereich eine Verstärkung. Für besonders empfindliche Füße eignen sich doppellagige Laufsocken, da sie die Reibung im Schuh deutlich verringern. Im Winter benötigst du trotz der niedrigeren Temperaturen keine dickeren Socken.

Die beste Trainingszeit

Die gibt es nicht. Probiere, morgens zu laufen. Morgendliches Laufen macht dich munter, gibt dir ganz viel Energie, lässt dich aufblühen und gut gelaunt in den Tag starten. Probiere, abends zu laufen. Auf abendliches Laufen kannst du dich den ganzen Tag lang freuen. Mit dem Laufen am Abend kannst du »abschalten«, den Tag und seine Ereignisse Revue passieren lassen und über das eine oder andere Problem nachdenken. Du kommst nach Hause und fragst dich: »Wo war jetzt eigentlich das Problem?« Probiere für dich aus, wann du am liebsten draußen sein möchtest, wann deine beste Trainingszeit ist. Oder wechsele einfach mal deine Trainingszeiten.

Hose

Grundsätzlich entscheiden bei der Wahl der richtigen Bekleidung das persönliche Temperaturempfinden und die äußeren Bedingungen. Bei kühleren Temperaturen jenseits der 10 °C achte darauf, dass deine Beine warm genug »eingepackt« sind. Verspannungen oder Muskelzerrungen könnten sonst die Folge sein. Deine Muskeln werden es dir danken.

Der klassische Läufer trägt eine kurze, leichte Laufhose (Running Shorts), die optimale Bewegungsfreiheit und Belüftung bietet. Diese Art von Laufhose ist jedoch nicht jedermanns Sache. Den Freizeitläufer von heute triffst du beim Laufen immer häufiger in leger geschnittenen, weiten Hosen. Weite Laufhosen können bei etwas muskulöseren oder dickeren Oberschenkeln aneinanderreiben, du kannst dir dabei »einen Wolf laufen«. Ideal sind (nicht nur dann) sogenannte Tights. Sie schmiegen sich wie eine zweite Haut an und verhinden das Aufreiben. Die elastischen, hoch funktionellen Hosen bilden bei Regen eine dünne, isolierende Feuchtigkeitsschicht auf der Haut, die den Wärmeverlust und das damit verbundene Verletzungsrisiko mindert.

Winter-Tights sind dicker und können mit einem Windstopper-Material auf der Oberschenkelvorderseite ausgestattet sein. Die Windstopper-Membran macht die Lauf-Tight etwas steifer. Im Leistenbereich sollte die Tight nicht zu knapp geschnitten sein.

Den ein oder anderen modebewussten Läufer siehst du mit einer Lauf-Tight unter der weit geschnittenen, darüber getragenen Laufhose beim Trainieren. Die Kombination ist bei etwas kühle-rer Temperatur klasse, da die Oberschenkelmuskulatur ausreichend gewärmt wird.

Trägst du eine eng anliegende Lauf-Tight bei kalten Bedingungen nur ungern, such dir eine weite Laufhose mit netzartigem Innenfutter und Windstopper-Membran. Im Idealfall besitzt sie am Beinende seitlich einen kurzen Reißverschluss zum einfacheren An- und Ausziehen.

Achte bei jeder Art von Laufhose darauf, dass sich deine Beine gut und leicht bewegen lassen und du nicht in deiner Bewegungsfreiheit eingeschränkt wirst.

Über ein kleines Täschchen für Schlüssel oder ein paar Münzen sollte jede Laufhose verfügen.

Laufen mit dem iPod

Natürlich kannst du mit Musik oder einem Hörbuch laufen. Aber: Im Training wirst du das notwendige Aufbauen von Tempo- und Körpergefühl nicht erreichen. Da der Rhythmus der Musik das Tempo vorgibt, läufst du Gefahr, im falschen Tempo zu trainieren und somit das Thema der Einheit zu verfehlen.
Du hast außerdem nicht das notwendige Feedback zur Trainingssteuerung z. B. durch Atem- oder Schrittgeräusche. Laufen ist ein Sport mit und in der Natur, zu der du selbst als Mensch auch zählst.
Unsere Empfehlung: Mach dir das Laufen mit Musik nicht zur Gewohnheit. Genieß das Laufen in Ruhe!

Shirt

Das Laufshirt aus synthetischem Funktions-material ist ein sehr wichtiges Bekleidungsstück, das deinen Körper davor schützt, zu überhitzen oder auszukühlen. Bei warmen wie bei kalten Temperaturen transportiert es den Schweiß vom Körper weg und bleibt luftig-leicht während des Trainings. Die Feuchtigkeit kann auf der Oberfläche verdunsten und es entsteht ein angenehmes Körpergefühl auf der Haut. Bei kühleren Temperaturen ist es enorm wichtig, dass die produzierte Flüssigkeit sofort vom Kör-per abgeführt wird, um ihn nicht auszukühlen. Erkältungen lassen sich so vermeiden.

Laufshirts gibt es als Singlet (ärmelloses T-Shirt), als T-Shirt oder als Langarm-Shirt. Achte darauf, dass das Shirt optimal sitzt und vor al-lem unter den Achseln nicht reibt. Manchmal kann das Shirt an den Brustwarzen reiben – das betrifft jetzt natürlich nur die Männer unter euch. Unser Tipp: Klebe sie mit Tape ab oder reibe sie mit Vaseline ein.

Für die kältere Jahreszeit lässt sich beispiels-weise ein atmungsaktives T-Shirt mit einem Langarm-Shirt gut kombinieren.

Jacke

Lass dich von der nasskalten Jahreszeit und schlechtem Wetter nicht abschrecken. Die Jacke schützt dich vor den äußeren Bedingungen. Die Investition in eine gute, funktionelle Lauf-jacke lohnt sich. In jedem gut sortierten Lauf-laden findest du eine breite Palette an unter-schiedlichen Laufjacken. Jacken mit oder ohne Windstopper, mit abnehmbaren Ärmeln und somit als Weste verwendbar, wasserabweisend

oder wasserdicht. Such dir eine Jacke, die dich gegen Wind und Regen gut geschützt. Gegen Kälte kannst du perfekt mit dem Schicht- oder Zwiebelprinzip arbeiten.

Achte beim Jackenkauf auf ein netzartiges Ge-webe auf der Innenseite. Es bietet den Vorteil, den Schweiß vom Körper an die Außenschicht weiterzuleiten. Das Laufen vor allem bei kälte-ren Temperaturen wird dadurch deutlich ange-nehmer.

Wir empfehlen dir eine Laufjacke mit integrier-tem Windstopper, da der Wind beim Laufen den Körper sehr schnell abkühlen kann und es auf Dauer ungemütlich kalt wird. Dank der atmungsaktiven Membran bleibt der Körper an-genehm warm, und das Laufen bereitet dir trotz schlechter äußerer Bedingungen viel Freude.

Unterwäsche

Kombiniere niemals Baumwolle mit Funktions-materialien. Du störst dadurch den Schweiß-transport nach außen. Spezielle Laufunter-wäsche besteht ebenfalls aus synthetischem Funktionsmaterial. Sie sollte sich wie eine zweite Haut anschmiegen und darf keine stö-renden Nähte besitzen. Während die Unter-wäsche deinen Körper im Winter warm und trocken halten soll, dient sie in der Übergangs-zeit lediglich zum Feuchtigkeitstransport.

Ein spezielles Thema für Damen ist das Tragen eines Sport-BH. Im Grunde empfehlen wir dir, beim Laufen einen Sport-BH oder ein Bustier zu tragen. Mit einer größeren Oberweite solltest du einen BH mit oder ohne Körbchen wählen, um der Brust genügend Halt zu geben. Achte auf einen guten Sitz. Wähle ihn so, dass er dich in deiner Atmung nicht behindert. Bustiermodelle sind für Frauen mit kleinerer Brust gedacht. Im Gegensatz zum BH pressen sie die Brüste gegen den Brustkorb. Beide Varianten sollten der Brust einen guten Halt geben. Die Träger sollten breit und weich sein und im Rücken x- oder y-förmig zusammenlaufen. Ein breites Brustband ist optimal für den Einsatz eines Brustgurtes zur Pulsmessung. Er lässt sich gut darunter »verstauen«. Teste den Sport-BH oder das Bustier beim Kauf auf dem Laufband!

Laufmütze

Der Mensch strahlt etwa 40 % der Körperwärme über den Kopf ab. Da wird dir schnell klar, warum du im Winter eine Laufmütze aufhaben solltest. Sie sollte aus atmungsaktivem Material gefertigt sein und eventuell an der Stirnseite über eine Windstoppermembran verfügen. Eingearbeitetes Fleece auf der Innenseite hält den Kopf bei niedrigeren Temperaturen angenehm warm.

Alternativ zur Laufmütze gibt es auch Stirnbänder, die deine Stirnhöhlen und deine Ohren vor Kälte schützen. Im Sommer können sie den heruntertropfenden Schweiß aufsaugen. In kaltes Wasser getaucht, verschaffen sie dir an heißen Tagen angenehme Abkühlung.

In der wärmeren Jahreszeit können sogenannte Lauf-Caps sinnvoll sein. Sie sollten aus hellem, luftdurchlässigem Material bestehen und dich mit einem Schild gegen Sonneneinstrahlung schützen.

Es gibt kein unpassendes Wetter – mit der richtigen Kleidung ausgestattet, läuft es sich auch im Winter hervorragend.

Laufen auf dem Laufband

Laufen ist ein Outdoor-Sport, den du draußen betreiben solltest. Nur draußen hast du wirklich Ruhe, kannst in dich gehen, kannst dich auf dich konzentrieren, spürst das Wetter und die Natur mit Vogelzwitschern, Wind, du spürst deinen Atem, deine Schritte und deren Geräusche und Frequenz, Flussrauschen, Regen, Schnee etc. Wechselnde Wetterbedingungen spielen zur Stärkung des Immunsystems eine Rolle. Durch das vorgegebene Tempo förderst du nicht die Verbesserung deines Tempogefühls. Wenn es denn aus irgendwelchen Gründen wirklich aufs Band gehen muss, dann kann man das machen. Beschränke dich aber konsequent auf folgende Ausnahmen:

- Aufenthalt in einer fremden Stadt
- extrem widrige Bodenverhältnisse wie z. B. zertretener und dann überfrorener Schnee
- Reha-Maßnahmen
- Leistungstests im Labor

Achte bitte zusätzlich auf Folgendes: An sich leistest du auf dem Band keine echte Arbeit nach vorne. Vielmehr werden dir sozusagen die Füße unter dem Körper weggezogen. Stell daher immer eine Steigung von 1,0 bis 1,5 % ein. Damit kompensierst du diesen Effekt. Gute Laufbänder haben eine gedämpfte Lauffläche und erfordern keine stark gedämpften Schuhe.

Handschuhe

Kalte Finger beim Laufen? Im Winter keine Seltenheit. Eine geringere Durchblutung und Aktivität der Finger sowie eine verstärkte Blutzufuhr der Beine haben zur Folge, dass die Finger beim Wintertraining kalt werden. Dünne, eng anliegende Baumwoll- oder Funktionshandschuhe schützen deine Finger. Werden deine Hände zu warm, zieh die Handschuhe aus und verstaue sie in deiner Jackentasche oder in den Ärmeln. So kannst du dich ohne Probleme auf dein Training konzentrieren. Vor dem Training die Finger einzufetten hilft zusätzlich.

Accessoires

In manchem Laufsportladen wirst du vom Angebot an Zubehör geradezu erschlagen. Vieles ist einfach nur unsinniger Schnickschnack, manches aber durchaus sinnvoll. Hier eine kleine Auswahl:

- **Brille:**
Gerade bei kaltem Wetter, Wind, Regen oder Schnee ist eine Brille von Nutzen. Wenn du Kontaktlinsen trägst, schützt eine Brille vor Staubpartikeln oder kleinen Fliegen.

- **Trinkgürtel:**
Die Umfänge deines Trainings erfordern kein Trinken während der Einheiten. Wenn du dennoch unterwegs Durst hast, trink aus kleinen Flaschen, die du wie einen Patronengurt um die Hüfte trägst.

- **Beleuchtung:**
Wenn du im Dunkeln unterwegs sein musst, gibt es diverse Möglichkeiten, selbst gut zu sehen, aber auch gut gesehen zu werden.

BEKLEIDUNG | 25

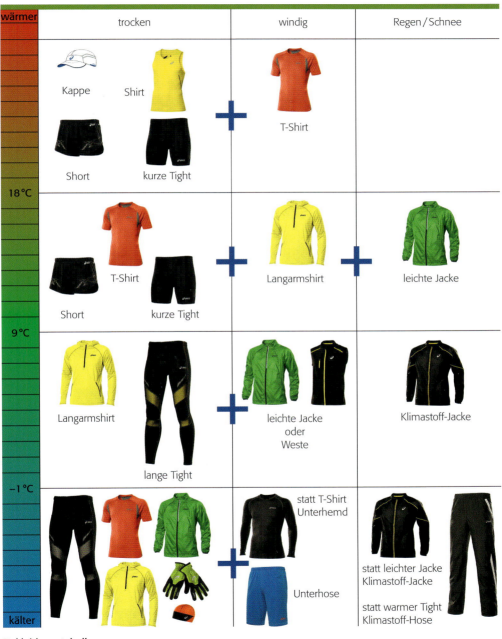

Bekleidungstabelle

Die Trainingseinheit

Ich kann das allein!

Warum eine Trainingseinheit überraschend anders ist
Mobilisation
Lauf-Abc
Kräftigungsübungen, die du draußen machen kannst
Dehnen

Wie eine Trainingseinheit ablaufen soll

So, jetzt wird's praktisch. Jetzt beginnt deine Übungseinheit.

Wahrscheinlich denkst du, dass du jetzt einfach nur loslaufen sollst. Nein, ganz so einfach ist es nicht – dafür umso interessanter und spannender. Jede Trainingseinheit setzt sich in dieser Reihenfolge aus folgenden Teilen zusammen:

■ **Eingehen oder Einlaufen**
Gehe oder trabe zunächst zügig einige Minuten. Das wärmt dich auf und stimmt dich ein.

■ **Mobilisieren**
Die Mobilisationsübungen machen dich beweglich und wärmen die jeweiligen Muskelgruppen vor. Manche der Übungen haben auch kräftigenden Zusatznutzen oder verbessern dein Koordinationsvermögen, indem du zum Beispiel auf einem Bein stehst und übst, nicht umzufallen.

■ **Lauf-Abc**
Das sogenannte Lauf-Abc ist eine sehr große Sammlung verschiedenster Übungen zur Kräftigung, zur Verbesserung des Koordinationsvermögens und deiner motorischen Fähigkeiten. Wir zeigen dir hier die wichtigsten Übungen. Regelmäßig gemacht, profitierst du davon.

Ein kleiner Tipp aus der Praxis: Wenn Hunde in der Nähe sind, unterbrich dieses Programm kurz, bis der Hund weg ist. Oft fühlen sich Hunde durch diese Bewegungen zum Spielen aufgefordert und wollen »mitmachen«.

■ **Laufprogramm**
nach deinem Trainingsplan

■ **Dehnen**
Nach jedem Lauftraining oder aber auch jederzeit unabhängig vom eigentlichen Training solltest du unser Dehnprogramm machen. Das hält die Muskulatur geschmeidig.

■ **Ausgehen**
Mach keinen Endspurt oder powere dich nicht am Ende richtig aus. Dazu hast du während deiner Einheiten Gelegenheit. Nach der Einheit solltest du einige Minuten einfach nur gehen. So kannst du entspannen, die Einheit und das Erlebte noch einmal Revue passieren lassen und deinem Organismus die Gelegenheit geben, die Regenerationsprozesse einzuleiten.

So sieht eine komplette, gewinnbringende Trainingseinheit aus. Damit verbesserst du deine Kondition, nämlich Kraft – Ausdauer – Beweglichkeit. Und du wirst feststellen: Es macht Spaß. Das Übungsprogramm ist vollständig, aber nicht überladen. Nach wenigen Einheiten hast du den Bogen raus und wirst die Übungen gut machen. Wenn du in einer Gruppe trainierst, was übrigens sehr lustig sein kann, kontrolliert euch gegenseitig.

Die Benefits eines angemessenen Lauftrainings

Herz-Kreislauf
- stärkt den Herzmuskel
- verbessert die Pumpleistung des Herzens
- senkt den Blutdruck
- senkt den Puls durch Ökonomisierung der Herztätigkeit
- beugt Herzinfarkt vor
- macht Blutgefäße elastisch

Lunge und Atmung, Blut
- stärkt die Atemmuskulatur
- steigert die Sauerstoff-Aufnahmekapazität
- ökonomisiert die Atmung bei Belastung
- erhöht die Versorgung des gesamten Körpers mit Sauerstoff

Fettstoffwechsel
- senkt LDL-Cholesterin
- erhöht HDL-Cholesterin
- reguliert den Leberstoffwechsel
- beugt Arteriosklerose vor
- unterstützt eine gesunde Gewichtsreduktion

Muskulatur, Bänder, Gelenke, Knochen
- steigert die Anzahl der Mitochondrien
- verbessert die Muskelkraft in den Beinen

- fördert die Muskeldurchblutung
- macht Bänder und Sehnen elastischer und belastbarer
- stärkt die Knochenstrukturen und beugt Osteoporose vor

Stress
- baut Stresshormone ab

Stoffwechsel
- verbessert die Insulinempfindlichkeit
- schützt vor Diabetes

Nervensystem, Immunsystem
- verbessert die Koordination von Bewegungsabläufen
- fördert die Erholungsfähigkeit
- lässt gut schlafen
- stärkt das Immunsystem
- steigert die Gehirndurchblutung und fördert die Konzentrations- und Merkfähigkeit

Mobilisieren

Jede Laufeinheit beginnt mit einem Satz **Mobilisationsübungen.** Such dir dazu eine ungestörte Stelle, wo du einen guten Stand hast. Jede Übung nimmt ca. 30 Sekunden in Anspruch. Beginn unten mit den Sprunggelenken und arbeite dich nach oben zur Mobilisation der Schulter durch. Wiederhole die Übungen jeweils mit der anderen Seite.

Fußspitze kreisen

1–3 Du stehst auf dem linken Bein und beugst es ein wenig. Du bekommst so einen sicheren Stand. Führe die Hände an die Hüften. Strecke das rechte Bein ein wenig nach vorne und kreise deine rechte Fußspitze nach außen. Kreise den Fuß anschließend in die andere Richtung.

Abrollen des Fußes

4–6 Du stehst auf dem linken Bein und stellst dich zugleich auf die Außenseite deiner rechten Ferse. Stütz dich mit den Händen in den Hüften ab und verlagere dein Gewicht auf die Außenseite der rechten Ferse. Rolle deinen Fuß über den Außenrand und drück dich auf den Ballen. Lass die linke Fußspitze am Boden – das gibt dir Halt.

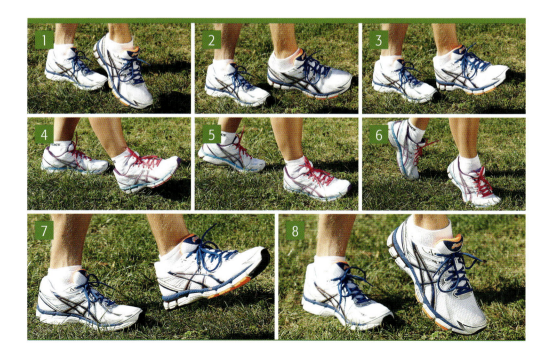

Fußgelenke beugen und strecken

7 + 8 Du stehst auf dem linken Bein und beugst es ein wenig. Du bekommst so einen sicheren Stand. Führe die Hände an die Hüften. Strecke das rechte Bein ein wenig. Dann streckst und beugst du deine rechte Fußspitze abwechselnd.

Achte darauf, den gesamten dir möglichen Bewegungsspielraum zu nutzen. Halt die jeweilige Endposition für einige Sekunden, bevor du in die Gegenposition wechselst. Diese Übung ist wichtig. Mach sie auch außerhalb des Trainings zwischendurch, zum Beispiel im Sitzen. Dabei wird das eine Bein angewinkelt und das andere leicht nach vorne gestreckt.

Unterschenkel schwingen

9 + 10 Du stehst mit leicht gebeugtem Knie auf dem linken Bein und führst die Hände an die Hüften. Hebe das rechte Knie leicht an, schwinge den Unterschenkel abwechselnd nach vorne und nach hinten. Diese Übung mobilisiert, kräftigt und verbessert zugleich deine Balance.

Unterschenkel kreisen

11 Nimm die gleiche Grundposition ein wie beim Unterschenkelschwingen. Kreise zuerst den Unterschenkel nach außen und anschließend nach innen. Lass dir bei der Bewegungsausführung Zeit.

Beidbeiniges Kreisen im Stand

1 Stell deine Füße parallel, beuge deine Knie und richte den Blick nach vorne. Berühre mit den Händen das Kniegelenk und führe eine kreisende Bewegung durch. Spüre dabei die Gewichtsverlagerung der Fußsohlen während der Bewegungsausführung. Kreise in beide Richtungen.

Trainiere jetzt!
Wenn du auf perfekte Bedingungen wartest, kriegst du nie etwas hin!

Rasenmäher

2 + 3 Nimm die Hände in die Hüfte. Blicke nach vorne. Stell dich auf das linke Bein und führe den rechten Fuß mit einer tiefen kreisenden Bewegung flach über den Boden, ähnlich dem Rasenmähen. Achte auf eine parallele Ausführung des kreisenden Fußes zum Boden und berühre den Boden aber gerade nicht. Das Spielbein bleibt gestreckt. Dadurch wird das Standbein gebeugt und beim Schließen der Füße gestreckt.

Diese Übung ist hervorragende Kräftigungs- und Balanceübung des Standbeins. Kontrolliere dich mit deinem Partner gegenseitig.

Bein aus Hüfte pendeln

4 Verlagere dein Körpergewicht auf das linke, leicht gebeugte Standbein. Der Fuß steht auf der ganzen Sohle. Die Arme sind 90 Grad im Ellbogen angewinkelt und gegengleich zu den Beinen positioniert (rechter Arm ist vorne). Hebe den rechten Fuß nach hinten ab. Die Position ist der einer Standwaage vergleichbar.

5 Schwinge nun das rechte Bein und den linken Arm aktiv nach vorne. Dabei richtet sich dein Oberkörper bis zur Senkrechten auf. Die Fußspitze ist angezogen, die Arme sind abgewinkelt. Bleibe zunächst auf der ganzen Fußsohle stehen.

Fühlst du dich sicher genug, kannst du, wie im Bild zu sehen, den Schwung mitnehmen und dich bis auf den Ballen hochdrücken.

Bein seitwärts schwingen

6 Die Hände sind in der Hüfte abgestützt. Das linke Bein ist leicht gebeugt. Der Blick ist nach vorne gerichtet. Das rechte Bein ist leicht über den Boden angehoben und etwa eine Fußbreite vom Standbein entfernt. Spreize das Bein zur Seite ab und senke es wieder. Verlagere dabei dein Gewicht ein wenig auf die andere Seite. Stelle deinen Fuß nicht auf den Boden ab.

Becken kreisen

Deine Beine stehen hüftbreit. Die Füße sind flach auf den Boden gestellt. Die Hände befinden sich an den Hüften.

1 Kreise dein Becken seitlich weit nach hinten und wieder nach vorn. Achte darauf, dass du vorne nicht ins Hohlkreuz fällst. Eine gedachte senkrechte Scheibe, die sich direkt vor dir befindet, hilft dir bei der Ausführung. Lass deinen Oberkörper möglichst ruhig und kreise lediglich aus der Hüfte.

Einweiser

2 Stell dich hüftbreit hin und belaste beide Beine gleichmäßig. Hebe beide Arme bis in die Horizontale und führe einen Unterarm um 90 Grad nach unten, den anderen um 90 Grad nach oben.

Wechsele nun die Positionen der Unterarme. Achte darauf, dass die Linie von einer Ellbogenspitze zur anderen auch in der Rotation der Oberarme eine Linie bleibt. So harmlos diese Übung aussieht, so anstrengend kann sie sein.

MOBILISIEREN | 35

Sie lockert eine feste Schulter. Mach die Übung auch zwischendurch in Pausen bei der Arbeit oder bei langen Autofahrten.

Schulter kreisen

3 Du stehst fest mit leicht gebeugten Beinen auf dem Boden. Lass die Arme hängen und kreise beide Schultern gleichzeitig nach hinten. Fange mit kleinen Kreisen an und lass die Bewegung größer werden. Spüre, wie beide Schulterblätter sich beim Rückwärtskreisen schließen.

Schulter kreisen mit Fingern auf den Schultern

4 + 5 Nimm die gleiche Grundposition wie zuvor ein. Berühre jedoch mit deinen Fingern die Schultern und kreise zunächst rückwärts in kleinen Kreisen. Werde dabei größer in der Ausführung. Die Übung endet schließlich wieder mit kleinen Kreisen. Übrigens: Lockere Schultern sind eine Grundvoraussetzung für einen richtigen Laufstil. Nimm die Übung regelmäßig in dein Trainingsprogramm auf und vernachlässige sie nicht.

Armkreisen

1 Stehe locker in den Beinen. Schwinge beide Arme zunächst nach hinten. Verändere die Ausführung von klein nach groß.

2 Beuge allmählich die Knie und das Sprunggelenk, dann gehe allmählich über in eine Streckung der Beine. Somit werden deine Kreisbewegungen größer, aber auch langsamer.

Varianten
- Kreise die Arme nach vorne.
- Kreise die Arme gegengleich. Fange zunächst mit beiden Armen nach oben gestreckt an und schwinge einen Arm nach vorne, während der andere nach hinten schwingt. Ein bisschen Übung und du schaffst es!

Armkreisen mit ausgestreckten Armen

Die Beine sind locker und leicht gebeugt, die Arme seitlich vom Körper waagerecht gestreckt. Der Blick ist nach vorne gerichtet. Ziehe deine Arme weit auseinander.

3 Beginne mit kleinen und später dann mit größeren kreisenden Bewegungen. Versuche, mit zunehmend größerer Bewegungsausführung deine Knie und deine Sprunggelenke aktiv zu beugen und zu strecken. Du erreichst so die größtmögliche Gesamtbewegung. Werde nun nach und nach wieder kleiner, bis du schließlich die Ausgangsposition wieder erreichst.
Denk daran, dass du die Übung sowohl vorwärts als auch rückwärts machen kannst.

Lauf-Abc

Such dir für die Lauf-Abc-Übungen ein ruhiges Fleckchen mit einer ebenen Asphalt-, vorzugsweise aber Kiesfläche. Natürlich kannst du auch einen Fußballplatz oder eine gemähte Wiese nutzen.

Mach die Lauf-Abc-Übungen über eine Strecke von jeweils ca. 30 Metern. Nach der Übung gehst oder trabst du locker diese 30 Meter zurück.

Die erste Übung ist immer der Hopserlauf! Den machen Kinder übrigens von allein, wenn sie gute Laune haben!

vom Endpunkt über die ca. 30 Meter mit dem Hopserlauf sozusagen als »aktive Regeneration« füllen. Gestalte deinen Hopserlauf locker und eher etwas passiver.

Tritt auf die Perfektionsbremse!

Einer der schlimmsten Fehler: immer zu 100 % perfekt sein zu wollen. Das führt zu der Einsicht: Ich kann viel weniger, als ich dachte! Lauf nicht in diese Falle.

Hopserlauf

4 Gehe ein Stück und bewege die Arme bewusst mit. Versuche, durch aktives Hochziehen des Schwungbeins bis in die Waagerechte und aktive Armführung noch oben, dich vom Boden abzustoßen. Absprung und Landung erfolgen auf dem gleichen Bein. Der Oberkörper ist aufgerichtet, das Sprungbein gestreckt. Die Fußspitze ist angezogen – dein Schwungbein ist so in der Flugphase stabil.

Du kannst den Hopserlauf mit dem Schwerpunkt »Höhe gewinnen«, also relativ hoch hinausspringen, oder »Weite gewinnen«, also eher flach, dafür weit hüpfend, ausführen.

Wenn du dein Lauf-Abc etwas fordernder gestalten willst, kannst du auch den Rückweg

Dribblings

1 Nimm die Ausgangsposition ein. Versuche zunächst auf der Stelle, die Knie abwechselnd leicht nach oben zu führen. Das Durchdrücken des Fußes wird betont und die Fußspitze zeigt zum Boden. Das Aufsetzen des Fußes erfolgt aktiv, mit dem Vorfuß beginnend, bis schließlich die Ferse den Boden kurz berührt. Der Raumgewinn ist relativ gering. Eine hohe Bewegungsfrequenz ist u. a. zur Verbesserung deiner motorischen Fähigkeiten wichtig. Die Arme sind 90 Grad angewinkelt und werden locker aus der Schulter wie beim normalen Laufen bewegt. Sie unterstützen die Gesamtbewegung. Die Ellbogen werden seitlich am Körper weit nach hinten-oben geführt. Somit bekommst du einen ordentlichen Impuls in Laufrichtung.

Skipping

2 Skipping ist die Fortführung der Fußgelenksarbeit. Nutze den Schwung des Abdrucks und

Raus aus der Komfortzone!

Streng dich auch mal an. Nur ein angemessenes Engagement bringt dich im Sport weiter – wie im Leben. Häng dich rein. Du wirst merken, wie sehr dich eine gute Leistung zufriedenstellt, motiviert und stolz macht. Wann warst du das letzte Mal stolz auf dich?

schwinge das Knie ein wenig höher. Die Füße arbeiten ausschließlich auf dem Ballen, die Fußspitze ist nach oben gezogen. Die Arme unterstützen aktiv die Bewegungsausführung. Versuche, die Grundposition ein wenig nach vorne zu verlagern.

Kniehebelauf

3 Die erweiterte Variante des Skippings. Das Knie wird nach dem Fußabdruck bis zur Waagerechten hochgeschwungen. Schön zu erkennen sind die angezogene Fußspitze, der 90-Grad-Knie- und Hüftwinkel und die gegengleiche Ausgleichsbewegung der Arme. Der Oberkörper ist aufrecht. Der Bodenkontakt erfolgt über den Ballen.
Als Ungeübter neigt man gerne dazu, in Rückenlage zu verfallen. Um dies zu vermeiden, achte auf eine leicht nach vorne gerichtete Körperposition.

Anfersen

4 Bei leichter Körpervorlage berühren die Fersen wechselseitig das Gesäß. Die Hüfte sollte dabei gestreckt bleiben. Die Arme unterstützen aktiv die Bewegung und pendeln locker aus dem Schultergelenk. Der Fußaufsatz erfolgt auf dem Vorfuß, die Vorwärtsbewegung ist gering.

Varianten
- nur linkes Bein anfersen
- nur rechtes Bein anfersen
- 3 × links, 3 × rechts anfersen

LAUF-ABC | 39

Kniehebung mit Ellbogenberührung

1 Stehe beidbeinig auf dem Boden. Konzentriere dich und führe nun das rechte Knie zum linken Ellbogen. Hebe dabei das Bein über die Waagerechte und versuche, im Oberkörper möglichst aufgerichtet zu bleiben. Hebe die Fußspitze an, das gibt dir mehr Stabilität.

Wenn du dich sicher genug fühlst, versuche, dich mit dem Standbein bis auf den Ballen hochzudrücken.

Rückwärtslauf

Rückwärtslaufen schult nicht nur den Gleichgewichtssinn, sondern fördert auch das Zusammenspiel der Muskeln.

2 Der erste Bodenkontakt erfolgt über den Ballen, und der Fuß wird rückwärts über die Ferse abgerollt. Der Körperschwerpunkt wird leicht nach hinten verschoben, der Oberkörper bleibt dabei möglichst aufrecht. Die Arme pendeln aktiv aus der Schulter mit, der Blick ist nach vorne gerichtet.

Warum Abwechslung so wichtig ist!

Würden wir in unserem Leben, in unserer Arbeit oder in der Schule immer das Gleiche tun, würde es sehr schnell langweilig werden. Und: Wir würden uns nicht weiterentwickeln. Genauso ist es mit dem Laufen: Verschiedene Tempi, anderes Wetter, neue Ziele, neue Wege, Pausen – das sind nur einige wichtige Elemente eines seriösen Lauftrainings. Abwechslung schützt vor Langeweile, lässt dich dein Ziel auf spannende Weise erreichen und schützt dich weitestgehend vor Verletzungen durch einseitiges Training. Unsere Trainingspläne bieten dir viel interessante Abwechslung. Sei neugierig auf die nächste Trainingseinheit und lass dich überraschen. Du wirst sehen, welch motivierendes Element die Dynamik im Training darstellt.

Seitwärtslauf mit Übersetzen

3 Die Arme sind seitlich ausgestreckt und parallel zum Boden, Blicke in Laufrichtung. Führe im langsamen Seitwärtsgehen das hintere Bein abwechselnd vor und hinter das vordere Bein, ähnlich dem Sirtaki-Tanz. Die Hüfte unterstützt aktiv den Oberkörper in seiner Drehbewegung. Achte auf einen bewusst kräftigen Abdruck.

Variante
Führe den Oberschenkel des Schwungbeins wie beim Kniehebelauf bis in die Waagerechte.

Wenn sich etwas ändern soll, musst du dich ändern!

Jede Veränderung in deinem Leben, wie der Einstieg in dieses Laufprojekt, fängt bei dir und nur bei dir an. Denke aktiv, positiv, ergreif die Initiative, stell dich der Herausforderung. Du musst nicht dein komplettes Leben umkrempeln. Oft sind es nur kleine Dinge, die es gezielt zu verändern gilt.

Kräftigung outdoor

Nutz mit Fantasie die Möglichkeiten, die dir deine Umgebung bietet, draußen Kräftigungsübungen zu machen. Eine Stufe, eine Treppe, eine Bank, ein Mäuerchen, all diese einfachen Mittel lassen sich perfekt nutzen. Bau diese Übungen regelmäßig nach Belieben in dein Lauftraining ein. Die Muskulatur wird gekräftigt und sie verhilft dem Körper, die nötige Kraft während des Laufens bereitzustellen. Mithilfe der Kräftigungsübungen vermeidest du eine Überlastung des Stützapparats. Dein Laufstil bleibt ökonomisch und sauber auch bei erhöhter Anstrengung. Zu wenig gekräftigte Muskulatur kann zu einer verminderten Körperspannung und somit zu einem »Zusammensinken« führen.

Kräftigung der Wade

1 + 2 Stell dich mit beiden Fußspitzen hüftbreit auf eine Treppe und suche dir Halt. Halte dich, wenn möglich, an einem Geländer fest. Die Fersen befinden sich in der Luft, die Kniegelenke sind gestreckt und der Oberkörper ist aufrecht. Hebe und senke die Fersen nun abwechselnd so weit wie möglich. Diese Übung kräftigt deine Wadenmuskulatur und unterstützt die Prophylaxe von Achillessehnenproblemen.

Mach 3 × 15 Wiederholungen. Zwischen den drei Sätzen machst du jeweils eine Minute Pause.

Die Atmung

Sicher hast du von Schrittregeln zur Atemkontrolle gehört: Alle drei Schritte ausatmen. So oder ähnlich lauten diese Regeln. Vergiss es! Atme so, wie du es möchtest. Genau in dem Moment, in dem du beginnst, über diesen vollkommen natürlichen Prozess nachzudenken, wirst du dich auch schon in irgendeinem Rhythmus »verhaspeln«. Wenn dir wirklich einmal nach Luft oder Luftholen zumute ist, dann atme kräftig, lang, bewusst und vielleicht durch ein ordentliches Ausatmungsgeräusch unterstützt aus. Dieses deutliche Ausatmen hilft dir immer, auch unter Belastung bei zügigem Laufen.

Kräftigung des vorderen Schienbeinmuskels

Stell dich mit der Ferse so weit wie möglich nach hinten (trau dich!) auf eine Treppenstufe und halte dich am Geländer fest. Die Beine sind gestreckt und der Oberkörper aufrecht.

3 Ziehe jetzt die Fußspitze an und halte diese Position.

Halte diese Position 3–5 × für jeweils 15 Sekunden. Dazwischen machst du eine kleine Pause von jeweils 30 Sekunden.

Zum Beenden der Übung mach zu deiner eigenen Sicherheit einen Schritt zurück auf der Stufe. Lass die Füße nicht nach vorn »wegklappen«!

Experimentiere!

Lauf mal morgens oder mal abends. Lauf bei Regen, lauf bei Hitze. Sei neugierig! Such die Herausforderung! Hab Mut zum Risiko! Scheu dich nicht, dich auch mal richtig anzustrengen. Nur aus den Dingen, für die wir uns anstrengen und bemühen, ziehen wir eine tiefe Befriedigung. Lauf neue Wege, lauf andere Strecken. Es kann schon ein einfaches, aber wirkungsvolles Experiment sein, die gewohnte Strecke mal in der Gegenrichtung zu laufen. Du wirst überrascht sein, welch vollkommen neue Perspektiven sich dir eröffnen. Aber verlauf dich nicht!

Einbeinstand

Mit dieser Übung kräftigst du einfach und wirksam den vorderen Oberschenkel und das Gesäß. Such dir eine Bank oder eine Treppe.

Lächle mal wieder!

Es gibt ein wunderbares Phänomen: Du hast gute Laune, du lächelst vor dich hin. Es funktioniert auch umgekehrt. Du hast schlechte Laune, stell dich vor den Spiegel und lächle dich an. Schon wird deine Laune besser.

1 Stell dich seitlich mit dem linken Bein darauf und lass das Rechte hängen. Arme sind seitlich in die Hüften gestützt, der Oberkörper ist gerade, der Blick nach vorn gerichtet.

2 Beuge und strecke abwechselnd das linke Bein. Je tiefer du gehst, desto intensiver und fordernder wird die Übung. Fang daher zunächst einmal mit einer Treppenstufe an. Fühlst du dich sicher, stell dich auf eine Bank.

Mach zunächst auf dem linken Bein 8 bis 15 Wiederholungen und wechsele anschließend aufs rechte Bein. Somit gönnst du dir für das erste Bein eine kleine Pause. Mach diese Übung dreimal pro Bein.

Einbeinkniebeuge in Schrittstellung mit Oberkörperrotation

3 Stehe aufrecht und führe die Hände hinter den Kopf zusammen. Die Füße stehen hüftbreit und der Blick ist nach vorne gerichtet.

4 Mache mit dem rechten Bein einen langen Schritt nach vorne. Der rechte Fuß setzt komplett auf und der Oberkörper rotiert beim Ausfallschritt nach rechts. Das Knie ist zu 90 Grad angewinkelt und befindet sich direkt über dem Sprunggelenk. Die Arme sind weiterhin hinter dem Kopf zusammengeführt. Stoß dich ab und kehre zurück in die Ausgangsposition. Konzentriere dich nach jeder Wiederholung.

Die Übung kräftigt deine Bein-, Gesäß- und Hüftmuskulatur.

Du kannst von dieser Übung 5 bis 8 Wiederholungen mit dem einen Bein machen und dann noch mal mit dem anderen. Wenn du den Ablauf beherrschst, mach von dieser Übung je nach Trainingsstand wechselseitig 3 Durchgänge mit 8 bis 15 Wiederholungen.

Varianten
- Führe die Übung ohne Rotation im Oberkörper durch.
- Halte deine Hände in der Hüfte.
- Führe den Ausfallschritt mit seitlich gestreckten Armen nach hinten aus.

Kräftigung der Adduktoren mit deinem Laufpartner

Idealerweise bist du für diese Übung mit einem Laufpartner unterwegs: Zeit für eine Partnerübung!

1 Setz dich auf den Boden und stütz dich hinter dem Rücken mit den Händen ab. Beuge das linke Bein, stelle den Fuß flach auf und hebe das rechte Bein gestreckt etwas hoch. Dein Laufpartner positioniert sich dir gegenüber in der gleichen Art und Weise. Berühre die Schuhinnenseite des gestreckten Beines deines Partners und drücke dagegen. Arbeitet miteinander und nicht gegeneinander! Bist du allein unterwegs, such dir einen Baum, einen Pfosten etc.

Diese Übung kräftigt hervorragend deine Oberschenkelinnenseite.

Kräftigung der Abduktoren mit deinem Trainingspartner

2 Nehmt die gleiche Ausgangsposition ein wie bei der Übung für die Adduktoren. Einziger Unterschied bei dieser Übung ist, dass der Fuß des gestreckten Beines nun die Schuhaußenseite des Partners berührt. Drückt zunächst leicht und verstärkt dann den Druck der Füße gegeneinander.

Eine perfekte Übung zur Abduktorenkräftigung.

Mach von diesen beiden Übungen wechselseitig jeweils 2 bis 4 Wiederholungen mit einer Dauer von 20 Sekunden.

Wechselschritt zur Kräftigung der Bein- und Gesäßmuskulatur

Für diese Übung benötigst du eine etwa kniehohe Stufe oder Bank. Such dir zu Beginn lieber etwas Niedrigeres. So ist es leichter, und du kannst dich voll auf die Übung konzentrieren.

3 + 4 Der linke Vorfuß steht auf der Erhöhung, der rechte Fuß auf dem Boden. Die Arme sind im Ellbogen 90 Grad angewinkelt, der rechte Arm befindet sich vorne. Drück dich aktiv mit dem linken Bein nach oben, strecke es bis zur

KRÄFTIGUNG OUTDOOR | 47

vollständigen Streckung des Fußgelenks und wechsele dabei auf den anderen Fuß. Der rechte Oberschenkel wird bei der Übung bis in die Waagerechte geschwungen, die Fußspitze wird dabei angezogen. Knie und Hüftwinkel sollten 90 Grad aufweisen. Die Hüfte ist gestreckt, der Oberkörper ist gerade.

Mach keine Pause, sondern wiederhole die Übung. Achte darauf, dass zu Beginn der Wiederholung die Armposition wieder stimmt.

Absolviere von dieser Übung 3 × 10 bis 15 Wiederholungen mit einer Pause von etwa 90 Sekunden zwischen den Sätzen.

Liegestütz vorwärts

1 Such dir eine Bank etc. und stütze deine Hände darauf ab, die Arme sind gestreckt. Bilde eine schiefe Ebene, indem du dich hüftbreit auf deinen Fußballen positionierst. Der Kopf ist in Verlängerung der Wirbelsäule, der Blick auf die Hände gerichtet.

2 Beuge nun deine Arme bis zu einem Ellbogenwinkel von 90 Grad und strecke sie anschließend wieder. Achte darauf, dass dein Rumpf während der Übung stabil bleibt.

Mit dieser Übung kräftigst du Brustmuskulatur, Arme und Schultern, den oberen und unteren Rücken, die gesamte Bauchmuskulatur und den hinteren Oberschenkel – quasi ein Ganzkörpertraining.

Mach 3 × 10 bis 15 Wiederholungen, dazwischen jeweils 90 Sekunden Pause.

Liegestütz rückwärts

3 Stütz dich rücklings mit deinen Händen z. B. auf einer Bank ab. Die Arme sollten in Streckung leicht gebeugt bleiben, die Hüfte ist abgewinkelt. Die Beine sind durchgestreckt und die Füße auf den Fersen parallel aufgestellt. Der Blick ist nach vorne gerichtet.

Variante: Beuge die Knie leicht.

4 Beuge und strecke die Arme idealerweise bis zu einem Winkel von 90 Grad im Ellbogengelenk. Taste dich langsam heran. Der Oberkörper bleibt aufrecht und wird nahe zur Bank auf und ab gesenkt. Die Beine bleiben unverändert gestreckt.

Deine hintere Oberarmmuskulatur wird dadurch gekräftigt. Absolviere 3 Sätze mit 10 bis 15 Wiederholungen, mit einer Pause von jeweils einer Minute zwischen den Sätzen. Achte auf eine langsame Bewegungsausführung.

Organisier eine Gruppe!

Eine Gruppe motiviert, eine Gruppe zieht dich mit! Animiere andere, mit dir zu laufen. Verabredet euch zu festen Zeiten. Wer nicht kommt, zahlt in die Gruppenkasse. Wählt einen »Häuptling«, der organisiert und motiviert.

Treppe hinaufhüpfen

Such dir eine Treppe, die unbeschädigt und nicht zu kurz ist. Stell dich hüftbreit auf und konzentriere dich. Beuge deine Knie und senke dadurch deinen Körperschwerpunkt ab.

1 Hol mit beiden Armen einen kräftigen Impuls, indem du die Arme schnell nach hinten und wieder nach vorne oben schwingst. Hüpfe von Stufe zu Stufe hoch und versuche, möglichst nur ganz kurzen Bodenkontakt zu haben. Das gelingt dir dann gut, wenn du nur mit dem Vorfuß arbeitest. Blicke bei der Übung nach vorne oben.

Diese Übung ist eine Kräftigung für den gesamten Körper. Sie dient zur Verbesserung der Koordination, der Schnelligkeit und der Abdruckkraft. Nicht die Anzahl der Wiederholungen steht im Vordergrund, sondern die Qualität der Bewegungsausführung!

Hüpfe 5 bis 10 Stufen hinauf, das Ganze dreimal und mach dazwischen jeweils eine Minute Pause.

Kräftigung des Brustmuskels als Partnerübung

Zeit für eine Partnerübung! Stell dich in leichter Schrittstellung gegenüber von deinem Partner und seitlich versetzt auf. Der linke Fuß befindet sich vorne, die linke Hand ist in der Hüfte abgestützt. Der rechte Oberarm ist bis in die Waagerechte abgespreizt, der Unterarm im Ellbogen 90 Grad nach oben gerichtet.

2 Legt eure Unterarme aneinander und drückt dagegen. Der Oberkörper bleibt gerade. Arbeitet zusammen, nicht gegeneinander!
Bist du allein unterwegs, kannst du dir z. B. einen Pfahl oder Baum suchen.

Dehnen

Dein Laufprogramm hast du erfolgreich hinter dich gebracht. Jetzt ist deine Muskulatur bereit, entspannt, sprich gedehnt zu werden. Nimm dir diese Zeit und gönne den Muskeln ein wenig »Wellness«. Achte genau und bewusst darauf, beim Dehnen langsam eine leichte, aber spürbare und angenehme Spannung aufzubauen. Es darf nicht zu stark ziehen und sollte unter keinen Umständen Schmerzen verursachen. Die Muskulatur darf nicht überdehnt werden. Vermeide Wippbewegungen.

Eine gut gedehnte und dehnbare Muskulatur minimiert das Verletzungsrisiko, erhöht deine Beweglichkeit und verbessert dein Körpergefühl.

Jede Dehnübung hältst du mindestens 15 Sekunden.

Dehnen der oberen Wade

3 Stell dich in Schrittstellung. Das linke, vordere Bein ist gebeugt, das rechte, hintere Bein gestreckt. Beide Füße befinden sich komplett am Boden, die Fußspitzen sind nach vorne gerichtet. Die Hände befinden sich an den Hüften, der Oberkörper ist leicht nach vorne geneigt. Der obere Wadenmuskel des gestreckten Beins wird gedehnt.

Dehnung des unteren Wadenmuskels

Die Dehnung erfolgt durch eine leichte Schrittstellung mit etwa einer Fußlänge Abstand zwischen den Füßen. Die Fußspitzen zeigen beide

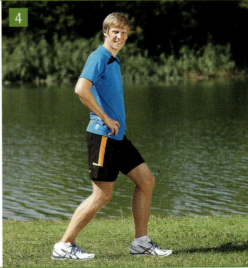

nach vorne, beide Füße haben Bodenkontakt. Die Hände befinden sich an den Hüften.

4 Schiebe nun das hintere Kniegelenk nach vorne, bis sich dein Fußgelenk maximal beugt (s. Bild S. 51). Achte darauf, dass die Hüfte sich über dem Kniegelenk befindet.

Dehnen des vorderen Schienbeinmuskels

Stehe bequem mit leicht gebeugtem rechtem Bein und stell deine linke Fußspitze leicht nach hinten versetzt auf.

1 Dreh deine Ferse nach vorne außen und dehne somit deinen Schienbeinmuskel. Die Hände kannst du dabei in den Hüften abstützen.

Dehnen der Oberschenkelvorderseite

2 Stell dich hin, umgreife dein rechtes Fußgelenk und ziehe es zum Gesäß. Das linke Bein ist dabei leicht gebeugt. Richte deinen Blick etwa 3 Meter vor dir auf den Boden, um besser das Gleichgewicht halten zu können, und such dir einen Fixpunkt. Lass die Hüfte gestreckt und bleib im ganzen Körper aufgerichtet. Deine Knie sollten parallel sein.

Dehnen der hinteren Oberschenkelmuskeln

Die Oberschenkelmuskeln lassen sich gut dehnen, indem du ein Bein beugst und den Fuß des anderen Beins nach vorne auf die Ferse stellst. Führe die Arme locker hängend hinter den Rücken. Dies garantiert dir einen geraden Rücken.

3 Beuge die Hüfte und strecke deinen Po nach hinten. So verstärkst du die Dehnung.
Ziehst du deine Fußspitze nach oben an, erreichst du dadurch sogar zusätzlich eine Dehnung der Wadenmuskulatur.

Dehnen des Hüftbeugers

4 Ausgangsposition ist eine lange Schrittstellung. Das Kniegelenk sollte sich dabei über dem Sprunggelenk befinden. Der vordere Fuß steht flach, der hintere Fuß ist nur auf dem Ballen belastet. Schiebe die Hüfte nach vorne, ohne ins Hohlkreuz zu fallen.

Variante
Knie dich mit dem hinteren Bein hin und schiebe die Hüfte nun nach vorn. Such dir für diese Variante einen weichen Untergrund.

DEHNEN | 53

54 | DIE TRAININGSEINHEIT

Fünf Übungen für Schulter, Rücken, Brust und Arme

Ausgangsposition der folgenden fünf Übungen ist eine aufgerichtete Körperposition, wobei der Kopf in Verlängerung der Wirbelsäule »maximal lang« gezogen wird. Die Füße werden gleichmäßig belastet, die Knie wiederum leicht gebeugt. Der Blick ist nach vorne gerichtet.

1 Führe die Hände vor dem Körper ineinander, die Finger verschränkt, und drehe die Handflächen nach außen. Ziehe dabei aktiv die Schultern nach unten. Deine hintere, obere Schultermuskulatur wird gedehnt.

2 Die Hände bleiben ineinandergeführt, die Handflächen sind nach außen gedreht, die Arme sind auf Brusthöhe nach vorne gestreckt. Halte diese Position. Dabei wird deine Schulterblattmuskulatur allmählich aufgedehnt.

3 Die Arme werden nach oben über den Kopf geführt. Die Handflächen können wahlweise nach außen oder innen zeigen. Du dehnst nun deine obere Rückenmuskulatur.

4 Führe die Hände hinter dem Körper ineinander, die Handflächen zeigen nach oben. Ziehe aktiv die Schultern nach unten. Du dehnst die vordere obere Schultermuskulatur.

5 Die gestreckten Arme werden nach hinten oben gezogen. Der Oberkörper bleibt nach wie vor aufrecht, die Handflächen zeigen zum Rücken. Jetzt dehnst du die Brust-, Arm- und vordere Schultermuskulatur und erzielst dabei eine Entspannung der Nackenmuskeln.

Dehnen der Brustmuskulatur als Partnerübung

Bei dieser Partnerübung stellst du dich mit deinem Partner in leichter Schrittstellung gegenüber auf. Der linke Fuß befindet sich vorne, die linke Hand ist in der Hüfte abgestützt. Der rechter Oberarm ist bis in die Waagerechte abgespreizt, der Unterarm im Ellbogen 90 Grad nach oben gerichtet.

6 Legt eure Unterarme aneinander und beginnt mit der Dehnübung. Achtet darauf, dass ihr dabei die rechte Hüfte nach vorne eindreht und der Oberkörper gerade bleibt.

Trainierst du allein, suche dir einen einen Baum oder eine Mauerecke.

Dehnen der seitlichen Rumpfmuskulatur

1 Du stehst hüftbreit mit ganz leicht gebeugten Knien. Nimm die linke Hand in die Hüfte und strecke den rechten Arm nach oben. Neige dich nun ein Stück zur linken Seite und bleibe dabei groß. Du solltest bei dieser Übung den Arm aktiv diagonal über den Kopf strecken. Jetzt spürst du die Dehnung der rechten Rumpfseite.

Variante
Alternativ kannst du die Hände zusammenführen und beide Arme nach oben zur Seite strecken.

Gesäßmuskeldehnung 1

2 Stehe gerade und umfasse das Kniegelenk eines Beins und ziehe es brustwärts. Das Standbein ist dabei nicht ganz durchgedrückt. Spürst du die Dehnung der Gesäßmuskulatur?

Gesäßmuskeldehnung 2

Diese Übung verlangt ein wenig Balance. Nimm den Einbeinstand ein, lass den Rücken gerade und beuge deine Hüfte. Winkele das

andere Bein an und lege es auf das Kniegelenk des Standbeins.

3 Das Standbein wird jetzt gebeugt, und du bestimmst, wie tief es gehen soll. Mithilfe des Arms kannst du das Knie des angewinkelten Beins bodenwärts drücken. Du verstärkst so die Dehnung der Gesäßmuskulatur.

Brauchst du noch ein wenig mehr Balancegefühl, kannst du dich mit dem Po gerne auch anlehnen oder dich bei der Übung mit einer Hand an einem Gegenstand festhalten. Zur Not setze dich auf eine Bank.

Dehnung Gesäßmuskel (Partnerübung)

Eine hervorragende Übung zu zweit. Sie erfordert nicht nur Teamwork, sondern fördert neben der Dehnung des Gesäßmuskels auch das Gleichgewichtsgefühl.

4 Stell dich deinem Partner gegenüber. Haltet euch gegenseitig an den Schultern fest und legt das angewinkelte Bein auf dem Kniegelenk des Standbeins ab. Findet die nötige Balance und geht gemeinsam langsam tiefer in die Knie. Stellt euch aufeinander ein.

Dehnen der inneren seitlichen Oberschenkelmuskulatur (Adduktoren)

1 Mach einen großen Ausfallschritt zur Seite und verlagere dein Gewicht auf das linke Bein. Das rechte Bein ist gestreckt, die Fußspitze zeigt nach vorne. Führe die Hände an die Hüften.

Achte darauf, dass die Fußspitze des gebeugten Beins in die gleiche Richtung wie das Kniegelenk zeigt: Dafür musst du deinen Fuß etwas nach außen drehen. Senke deinen Körperschwerpunkt ab und verstärke somit die Dehnung der Adduktoren auf der Oberschenkelinnenseite des gestreckten Beins.

Apfelpflücken

2 Deine Abschlussübung für jedes Dehnprogramm: Geh Apfelpflücken! Strecke die Arme abwechselnd nach oben und mach dich richtig lang. Strecke dich dabei mit den Füßen bis auf die Fußspitze und versuche, jedes Mal ein Stück höher zu kommen.

Ziel dieser Übung ist die Streckung und Dehnung der Rückenmuskulatur und der Wirbelsäule.

Rumpfkräftigung für zu Hause

Jeder Läufer ist nur so stark wie sein Rumpf!

Rumpfkräftigungsprogramm für drinnen

Rumpfkräftigung

Die Stabilisierung und Kräftigung des Rumpfes ist nicht nur für den Leistungssportler, sondern auch für den Laufeinsteiger extrem wichtig. Versuche deshalb, die Übungen regelmäßig in deinen Trainingsalltag einzubauen. Richtig ausgeführt, bewirken sie wahre Wunder. Eine gekräftigte Rumpfmuskulatur stabilisiert das Becken und schützt dich vor Überlastungsschäden.

Kräftigung der geraden Bauchmuskulatur

1 Leg dich auf den Rücken, winkle deine Beine im Hüft- und Kniegelenk um 90 Grad an. Überkreuze die Unterschenkel – so ist es einfacher, die Füße in dieser Position zu halten. Halte deine Arme gestreckt nach vorn. Rolle den Kopf und die Schultern langsam vom Boden ab. Achte genau darauf, während der Wiederholungen die Lendenwirbelsäule fest auf dem Boden zu lassen. Du wirst dabei nicht sehr weit nach oben kommen, aber deine Bauchmuskeln werden trotzdem effektiv gekräftigt. Atme aus, wenn du nach oben gehst!

Alternativ kannst du die Beine auch auf einen Hocker ablegen.
Mach davon 3 × 10 bis 15 Wiederholungen mit jeweils 1 Minute Pause zwischen den Sätzen.

RUMPFKRÄFTIGUNG | 63

Kräftigung der seitlichen Bauchmuskulatur

Leg dich auf den Rücken, winkle das linke Bein in Hüfte und Knie rechtwinklig an. Rotiere das rechte Bein angewinkelt nach innen und führe den rechten Fuß zum linken Knie. Die Arme sind hinter dem Kopf verschränkt und abgespreizt.

2 Rolle den Kopf und die linke Schulter diagonal nach vorne oben, bis sich der linke Ellbogen und das rechte Knie berühren. Atme während der Aufwärtsbewegung aus. Führe die Bewegung langsam aus.

Alternativ hilft dir wieder ein Hocker.
Mach davon 3 × 10 bis 15 Wiederholungen mit jeweils einer Minute Pause zwischen den Sätzen.

Kräftigung der oberen Rückenmuskulatur

3 Leg dich auf den Bauch und strecke die Arme weit nach vorne. Der Kopf ist in Verlängerung der Wirbelsäule leicht über dem Boden mit Blick nach unten. Der Hintern ist angespannt und die Füße stehen auf den Fußspitzen.

4 Ziehe die Ellbogen langsam so weit wie möglich nach hinten. Deine Schulterblätter sollten sich dabei annähern. Anschließend streckst du die Arme wieder nach vorne.

Deine Grundposition ist während der Übung gleich geblieben.
Mach 2 × 10 bis 15 Wiederholungen mit 30 Sekunden Pause zwischen den Sätzen.

Kräftigung der unteren Rückenmuskulatur

Um den unteren Rücken zu kräftigen, leg dich auf den Bauch. Strecke beide Arme nach vorne, stelle deine Fußspitzen auf. Der Kopf befindet sich in Verlängerung der Wirbelsäule und wird nur knapp über den Boden angehoben.

1 Hebe für diese Übung jeweils einen Arm und ein Bein gegengleich leicht vom Boden ab. Bleibe flach über dem Boden und achte darauf, nicht ins Hohlkreuz zu fallen.

Mach die Übung dreimal mit je 10 Wiederholungen pro Seite – linkes Bein, rechter Arm und umgekehrt mit einer Minute Pause dazwischen.

Variante
Führe 2–3 kleine Mini-Pendelbewegungen im gestreckten Arm und Bein aus.

Käfer

2 Du liegst auf dem Rücken, das rechte Bein ist flach über dem Boden gestreckt, das linke in Hüfte und Knie im rechten Winkel angehoben. Die Fußspitzen sind angezogen. Der rechte Arm ist nach vorne gestreckt, der linke nach hinten. Kopf und Schultern sind leicht angehoben. Strecke und beuge die Beine abwechselnd und führe die Arme gegengleich mit.

Der Käfer kräftigt intensiv die gesamte Bauchmuskulatur – obere, untere und schräge Bauchmuskeln gleichzeitig. Beginne mit 3 × 10 Wiederholungen pro Seite im Wechsel – linkes Bein, rechter Arm, rechtes Bein, linker Arm. Steigere dich sukzessive auf 15 Wiederholungen. Pause 30–60 Sekunden.

Variante
Berühre mit dem Ellbogen das gegengleiche Knie. Damit verstärkst du die Kräftigung der schrägen Bauchmuskeln.

Russian Twist

3 Setz dich auf eine Trainingsmatte. Hebe die Beine angewinkelt vom Boden und lehne den Oberkörper etwa 45 Grad nach hinten. Die Beine bleiben geschlossen, der Rücken gerade. Führe eine Wasserflasche mit einer leichten Rotation des Oberkörpers auf eine Seite des Körpers. Atme aus, bevor du die Flasche zur anderen Seite führst. Führe die Flasche abwechselnd von einer Seite zur anderen.

Die Übung kannst du intensivieren, indem du die Beine in Richtung Boden absenkst. Der Russian Twist ist eine fantastische Übung, um vor allem die seitlichen, aber auch geraden Bauchmuskeln zu kräftigen. Gleichzeitig wird der untere Rücken gestärkt. Der Umfang für diese Kräftigungsübung sollte 3 × 10 bis 15 Wiederholungen sein. Gezählt wird auf jeder Seite! Pause 30 bis 60 Sekunden.

Seitstütz

Der Seitstütz eignet sich sehr gut zur Kräftigung der seitlichen und geraden Bauchmuskulatur

RUMPFKRÄFTIGUNG | 65

und trainiert außerdem gleichzeitig den Rückenstrecker.

1 Du liegst auf der Seite und stützt den Unterarm ab, sodass er sich unterhalb der Schulter befindet. Der obere Arm wird über den Kopf gehalten. Die Beine liegen übereinander. Hebe Oberkörper und Beine so weit an, bis sie eine Linie bilden. Halte die Position 20–30 Sekunden und wiederhole die Übung zwei- bis dreimal. Dann mach eine Minute Pause.

Varianten für Geübte
- Spreize das obere Bein ab und halte es.
- Öffne und schließe das obere Bein wie eine Schere.
- Lege das obere Bein nach hinten ab und hebe das untere Bein an. Jetzt werden auch die Adduktoren des unteren Beins gekräftigt. Diese Variante kann ebenfalls wie eine Schere ausgeführt werden.

Unterarmstütz

Mit dem Unterarmstütz kräftigst du deine gesamte Bauchmuskulatur, den unteren und oberen Rücken, das Gesäß und die hintere Oberschenkelmuskulatur.

2 Der Körper ist auf den Unterarmen und den Zehen aufgestützt. Heb den Körper so weit an, dass Kopf, Rumpf und Beine in der Luft sind und eine Linie bilden. Der Blick ist zum Boden gerichtet, der Kopf wird in Verlängerung der Wirbelsäule gehalten.

Mach 2–3 Wiederholungen zu je 20–30 Sekunden mit jeweils einer Minute Pause.

Eine schöne Variante
Abwechselnd die Füße für einige Sekunden leicht nach oben heben, sodass sie sich knapp über dem Boden befinden.

Wie es dir leichter fällt, dich aufzuraffen!

Es gibt sicher keinen Läufer, dem es nicht ab und zu schwerfällt rauszugehen. Dass er vielleicht auf den Laufeinsteiger stets motiviert wirkt, liegt »nur« an seinem Umgang mit dem sogenannten inneren Schweinehund. Er hat ihn nämlich an die Kette gelegt. Wie geht das?

Es gibt in dem Augenblick, in dem du laufen möchtest, diesen inneren Widerstreit, du fühlst diese Reibung. Das spürst du in dir, und das ist nicht angenehm. Begegne dem offensiv. Wäge im inneren Zwiegespräch die Argumente für und gegen das Laufen klar ab. Wer ist der Gewinner? Das Laufen!

Sag ganz laut »Stopp!« zu dir selbst, wenn du merkst, dass diese innere Diskussion schon wieder langweilig wird, weil die Argumente gegen das Laufen ohnehin immer der gleiche öde Quatsch, die Argumente für das Laufen jedoch viel zahlreicher, eindeutig besser und attraktiver sind. Nimm diese Diskussion bewusst wahr.

- Vergiss alles Bisherige über faule Ausreden, orientiere dich mit diesem Lauftraining neu und klar!
- Du hast dein Ziel!
- Du weißt, dass das Ziel erreichbar ist.
- Du kennst den Weg zum Ziel!
- Du hast einen Plan.
- Du hast jetzt Zeit!
- Du weißt, dass der Plan für dich umsetzbar ist!
- Du weißt, dass Bewegung und Sport für dich wichtig sind!
- Du weißt, was dir dein Training bringt!
- Du hast einen Termin im Kalender, den du einhalten möchtest!
- Du weißt, wie gut es sich anfühlt, draußen zu sein.
- Du weißt, dass 99,9 % deiner Ausreden fadenscheinig sind.
- Etwas anderes zu organisieren wäre jetzt viel zu aufwendig!
- Du weißt, dass Laufen schön ist.
- Vielleicht warten dein Laufpartner oder deine Gruppe auf dich. Lass sie nicht warten, das kommt gar nicht gut.
- Du weißt, dass sich der innere Schweinehund ohnehin ziemlich schnell verzieht, sobald du einmal läufst und »drin« bist und den Fluss genießt!
- Wenn du mal bei Regen und Wind draußen warst und wie ein Held gekämpft hast, dann weißt du nur zu genau, wie klasse das ist. Weil dir nämlich diese Läufe immer in besonderer Erinnerung bleiben.
- Du weißt, dass es dir nach dem Training besonders gut geht.
- Du weißt, dass du dich nach dem Training mit dem Rumliegen auf dem Sofa belohnen kannst.
- Denk daran, dass jeder Lauf etwas Reinigendes hat und du vieles nach dem Lauf deutlich positiver siehst als vorher.

Und? Alles klar — raus geht's!

Die Lauftechnik

Ich laufe, wie ich will – fertig!

Warum ein handwerklich richtiger Laufstil für Einsteiger wichtig ist

Vor-, Mittel- und Rückfußlauf
Beinarbeit
Oberkörperhaltung
Armarbeit

Der Laufstil

Der Laufstil bezeichnet nicht nur, wie oft angenommen, das Abrollverhalten der Füße. Nein — der Laufstil betrifft den ganzen Körper, sogar deine Hände. Vielleicht denkst du jetzt, dass es doch vollkommen egal ist, wie du läufst, Hauptsache, du kommst vorwärts. Natürlich kann jeder machen, was er will. Doch mit dem richtigen, handwerklich korrekten Laufstil, der durchaus deine persönliche Disposition berücksichtigt, läufst du besser, spürbar besser sogar. Mit einem guten Laufstil entwickelst du dich zum kompletten Läufer, sparst Kraft, läufst schneller und verletzungsfreier und schlussendlich sieht es auch schöner und eleganter aus. Versuche von Beginn deiner »Laufkarriere« an, dir einen guten Laufstil anzueignen.

Wesentliche Punkte für einen guten Laufstil sind:

- Das Abrollverhalten der Füße: Versuche auf jeden Fall, sowohl den Rückfußlauf wegen seines größeren *Impacts* (Aufpralls) wie auch den Vorfußlauf wegen der großen Belastung von Wade und Achillessehne zu vermeiden. Lauf auf dem Mittelfuß. Das kannst du dir angewöhnen.
- Der Aufsetzpunkt der Füße: Er sollte niemals vor dem Körperschwerpunkt liegen. Der Fuß soll unter dem Körper aufsetzen. Dadurch minimierst du deutlich die Aufprallkräfte.
- Die Spur: Lauf mal im Sand oder im frischen Schnee. Wenn sich die Abdrücke auf einer gedachten Linie leicht überlappen, stimmt die Spur. Du läufst somit mit ausbalancierten Abduktoren und Adduktoren.

- Der Kniehub: Mithilfe des Kniehebelaufs verbesserst du deinen Kniehub und machst einen raumgreifenden Schritt.
- Ein guter Fersenhub verschafft dir einen längeren Schritt, weil das Schwungbein automatisch weiter nach vorn pendelt. Anfersen ist die Übung dazu.
- Das Schwungbein ist kurz vor der Aufprallphase im Knie leicht gebeugt, womit der Aufprall antizipiert wird und die Aufprallkräfte deutlich gemindert werden.
- Das Becken bringst du leicht nach vorn.
- Der Oberkörper ist aufrecht. Um mit einer guten Körperspannung zu laufen, solltest du regelmäßig das Rumpfkräftigungsprogramm machen. Das hilft dir nicht nur beim Laufen. Ein aufrechter Gang macht dich größer und selbstbewusster.
- Die Arme pendeln locker aus den lockeren Schultern. Der Winkel im Ellbogen beträgt 90 Grad und bleibt 90 Grad, wo auch immer sich der Arm in seiner Schwungbewegung befindet.
- Die Arme pendeln leicht einwärts, kreuzen aber niemals die gedachte Körpermitte.
- Die Arme pendeln locker aus den Schultern, nicht durch eine Oberkörperrotation mit mehr oder weniger statischen Armen. Der Oberkörper ist beim Laufen ruhig und aufrecht.
- Nach vorne schwingen die Arme nur so weit, bis sich die Ellbogen auf Höhe der Hüfte befinden. Schwing lieber etwas weiter nach hinten, bis sich das sogenannte Läuferdreieck zeigt.

- Die Arme pendeln gegengleich zu den Beinen. Rechtes Bein vor, linker Arm vor. Das macht unser Körper von ganz allein. Klasse, oder?
- Zieh die Schultern nicht hoch. Nimm die Schultern eher leicht nach hinten.
- Die Hände schlackern nicht, sondern sind im Handgelenk fest. Die Hände sind nicht gebeugt oder gestreckt. Sie bilden die gerade Verlängerung der Unterarme. Ebenso wenig sind die Hände nach oben oder unten verdreht, der Handrücken zeigt nach außen zur Seite.
- Deine Finger sind entspannt und locker, nicht stromlinienförmig gestreckt oder gar zur Faust geballt.
- Der Kopf ist hoch und aufrecht. Der Blick geht ca. 10 Meter vor dir auf den Boden.

»O Mann«, denkst du jetzt sicher, »wer soll sich den ganzen Zirkus merken und auch noch umsetzen? Ich bin doch kein Artist!« Aber keine Sorge, du sollst ja nicht gleich zu Beginn deines Trainings wie ein kenianischer Wunderläufer über den Asphalt schweben. Rom wurde nicht in einem Tag erbaut. Geh also Stück für Stück vor. Nimm dir für jede Laufeinheit ein anderes Teilstück vor, mit dem du dich bewusst und gezielt befasst.

Du kannst ein schönes Experiment machen, das dir die Bedeutung und Wirkung der richtigen Armarbeit sehr deutlich macht. Such dir einen kleinen Hügel mit einer etwa 40 Meter langen Steigung von etwa 10 Prozent. Lauf einmal ganz locker hinauf. Beim zweiten Durchgang läufst du bis zur Mitte ganz locker, dann setzt du für die zweite Hälfte deine Arme aktiv ein, also deutlich schneller, als du eigentlich müsstest. Erlebe, was passiert. Wir verraten es hier nicht. Finde es selbst heraus. Den Effekt kannst du natürlich auch im Flachen voll nutzen.

Lauf leise! Such dir zum Laufen einmal ein wirklich ruhiges Stück Asphaltstraße. Hör bewusst auf das Geräusch beim Aufsetzen deiner Füße. Ein handwerklich richtiger Abrollvorgang in Form des Mittelfußlaufes ist sehr leise. Es »platscht« nicht oder hört sich nicht wie »Trampeln« an.

Ein weiteres immer wieder diskutiertes Thema ist die Schrittlänge. Wenn du deine Schritte bewusst größer machst, benötigst du mehr Kraft, und die wird dir ziemlich schnell ausgehen. Deiner Schrittlänge sind durch deine individuelle Anatomie Grenzen gesetzt, an denen du gar nicht erst rütteln solltest. Wenn du schneller laufen willst, mach dies über eine erhöhte Schrittfrequenz.

Zu zweit laufen – doppelter Spaß!

DIE LAUFTECHNIK

Fersenlauf

Der Rückfuß- oder Fersenlauf

Der Rückfußlauf, der auch als »Fersenlauf« bezeichnet wird, ist der am häufigsten verwendete Laufstil. Etwa 80 Prozent der Läufer rollen über die Ferse ab.

Betrachtet man diese Lauftechnik, so setzt der Läufer den Fuß zuerst auf dem hinteren, äußeren Rückfußbereich auf. Das Bein ist nahezu gestreckt und die Fußspitze zeigt nach oben. Der Fuß rollt im weiteren Verlauf über die Außenseite und proniert leicht durch eine Innenrotation des Unterschenkels. Liegt die komplette Sohle auf, erfolgt der Abdruck über das Großzehengrundgelenk.

Die Arme werden locker am Körper mitgeführt und haben idealerweise einen rechten Winkel im Ellbogengelenk. Der Kniehub ist flach.

Wann läuft man über die Ferse?

Je langsamer du läufst bzw. je länger dein Lauf ist, desto eher wirst du über den Rückfuß abrollen. Der Fersenlauf ist also auch abhängig von der Laufgeschwindigkeit und der Laufdauer. Empfehlenswert ist der Rückfußlauf vor allem beim Bergablaufen. Der Aufprall wird durch kleinere Schritte und ein leichtes Absenken des Körperschwerpunktes abgefedert.

Vorteil:
- sehr ökonomischer Laufstil

Nachteile:
- höhere Belastung der Gelenke und des Bewegungsapparates
- unsicherer im Gelände

Der Mittelfußlauf

Der Mittelfußlauf ist ein Kompromiss aus Vor- und Rückfußlauf. Dabei versuchst du, die Vorteile beider Laufstile zu nutzen und die Nachteile zu minimieren.

Der flache Fußaufsatz bringt den Körperschwerpunkt weiter nach vorne und reduziert somit die Stoßbelastung auf die Gelenke. Durch eine leichte Einwärtsdrehung (Pronation) des Unterschenkels wird der Aufprall natürlich gedämpft und der Fuß komplett aufgesetzt. Der Abdruck erfolgt über die Großzehe.

Die Arme werden aufgrund der etwas höheren Geschwindigkeit und der längeren Schritte aktiver aus dem Schultergelenk mitgeschwungen. Die Knie kannst du jetzt etwas höher anheben.

Der Mittelfußlauf ist hervorragend für Läufer geeignet, die seit Beginn über die Ferse laufen und sich einen »Schritt nach vorne« wagen wollen. Das langsame Herantasten an einen aktiveren Laufstil ermöglicht dem Bewegungsapparat, sich allmählich auf die neue Belastung einzustellen. Die Gefahr einer Überlastung wird so genommen und die Möglichkeit, schneller zu werden, vergrößert. Für längere Strecken ist das Laufen über den Mittelfuß die beste Art.

Vorteile:
- verteilt die Stoßbelastung gleichmäßiger
- höherer Kniehub und größere Schritte möglich

Nachteil:
- erhöhte Belastung auf der Außenseite des Mittelfußes

Mittelfußlauf

DIE LAUFTECHNIK

Vorfußlauf

Der Vorfußlauf

Der aktivste Laufstil unter den Lauftechniken. Kennzeichen für den Vorfußlauf sind das Aufsetzen des Fußes auf dem Ballen, ein hoher Kniehub mit langer Schrittfolge und das aktive Abstoßen aus dem Sprunggelenk mit aktiver Armführung.

Betrachtet man die Landephase genauer, erfolgt nach dem Ballenaufsatz ein leichtes Absenken des Fußes auf den Mittelfuß. Die Energie wird in den Muskeln gespeichert, ähnlich einem gespannten Gummiband, und während des Fußabdrucks wieder freigesetzt. Die Stoßbelastung wird muskulär abgefangen und schont somit den Bewegungsapparat. Das weiche Abfangen des Ballens, des Mittelfußes, der Sprunggelenke, des Kniegelenks und der Hüfte ermöglicht einen runden Bewegungsablauf. Der Oberkörper soll dabei eine möglichst geringe Auf- und Abwärtsbewegung machen.

Der Vorfußlauf ist für Laufanfänger und lange Strecken ungeeignet.

Vorteile:
- Stoßbelastung wird muskulär gedämpft
- längerer Schritt
- kürzere Bodenkontaktzeit
- vermeidet Überpronation des Fußes
- bessere Kraftentfaltung
- gut geeignet für unwegsames Gelände

Nachteile:
- deutlich höhere Belastung für Vorfuß, Muskeln und Sehnen
- anstrengender

Die Körperhaltung

Die Körperhaltung von oben betrachtet

Die Betrachtung des Läufers und seiner Lauftechnik von oben ermöglicht einen genauen Eindruck von Armführung, Oberkörperrotation und Fußführung.

Schaust du dir die Armführung während des Laufens an, sollten die Arme während der Pendelbewegung körpernah geführt werden und die Hände die Körpermittellinie nicht kreuzen. Wie du sehen kannst, ist praktisch keine Oberkörperrotation zu erkennen. Die saubere Kreuzkoordination zwischen Armen und Beinen (linkes Bein nach vorne, linker Arm nach hinten, gegengleich also!) ermöglicht einen relativ ruhigen, sprich nicht rotierenden Oberkörper. Somit sparst du deutlich Kraft und verbesserst deine Laufökonomie.

Ein kleines Experiment dazu: Mach diese Bewegung einmal bewusst falsch, indem du die Arme am Körper anlegst und nur durch eine Rotation des Oberkörpers nach vorne und hinten bewegst. Geh dann schnell in die korrekte Armarbeit über. Du wirst sofort eine deutliche Beschleunigung und ein angenehmes Laufgefühl spüren.

Deine Kopfhaltung »steuert« bzw. beeinflusst deine gesamte Körperhaltung! Halte den Kopf aufrecht und sei entspannt in der Halswirbelsäule. Ein oben gehaltener Kopf richtet dich auf und macht dich groß. Dein Blick ist in Laufrichtung. Sei beim Laufen stets aufmerksam und achte auf vor dir liegende Hindernisse.

Die ökonomisch korrekte Armführung

Das sieht gut aus! ... Und gleichzeitig elegant!

Die Körperhaltung von der Seite betrachtet

Im Profil betrachtet kannst du dir einen schönen und hilfreichen Eindruck von der richtigen Körperhaltung verschaffen.

Kopf

Der Kopf wird in Verlängerung der Wirbelsäule gehalten. Dein Blick ist ungefähr 10 Meter nach vorne auf den Boden gerichtet. So hast du genügend Zeit, auf Hindernisse zu reagieren, und kannst optimal durch Mund und Nase atmen. Deine Nackenmuskulatur ist dabei entspannt.

Oberkörper

Die Hüfte und das Becken bleiben gestreckt. Der ganze Körper kann jedoch leicht nach vorn geneigt sein. So nimmst du deine perfekte Laufposition ein.

Arme

Eine enorm wichtige Aufgabe haben die Arme beim Laufen. Sie sind der Impulsgeber und werden nah am Oberkörper vorbeigeführt. Das Ellbogengelenk befindet sich im rechten Winkel, der Schwung kommt aus dem Schultergelenk.
Die Hände sind im Handgelenk fest, die Finger sind locker und entspannt. Der Arm weist im Idealfall beim Rückwärtsschwingen das sogenannte Läuferdreieck auf. Dabei bilden Oberarm, Unterarm und Rumpf ein Dreieck.

Hüfte

Der Rücken ist gerade und die Hüfte gestreckt. Während des Laufens sollte die Hüfte eine nur minimale Auf- und Abwärtsbewegung durch-

DER LAUFSTIL | 77

führen, um nicht unnötig Energie zu verschwenden.
So lässt sich viel Energie sparen!

Beine
Das Schwungbein kommt je nach Laufgeschwindigkeit unterschiedlich weit nach oben. Je schneller du läufst, desto höher führst du dein Kniegelenk nach oben. Das hintere Abdruckbein ist beim Abstoß nahezu komplett gestreckt, was zu einem ökonomischen Laufstil führt.

Die Kreuzkoordination beim Laufen ist im Bild links sehr gut zu erkennen. Der vorschwingende, rechte Unterarm verläuft parallel zum rechten Abdruckbein während der hintere, linke Unterarm parallel zum Schwungbein verläuft. Ziehst du zwei gedachte Linien zwischen den Extremitäten Arm und Bein, so kreuzen sich deren Schnittpunkte auf Höhe der Hüfte.

Die Körperhaltung von vorne betrachtet

In der frontalen Perspektive siehst du sehr schön den nach vorne gerichteten Blick. Der Oberkörper ist aufrecht, die Hände schwingen nah am Oberkörper. Optimal ist die lockere und leicht geöffnete Handhaltung in Verlängerung des Unterarms. Die Unterarmmuskulatur ist dadurch entspannt.

Das rechte Bild zeigt wunderbar die geringe Flughöhe, wodurch eine geringe Auf- und Abwärtsbewegung des gesamten Körpers während der Laufbewegung erfolgt. Die Schultern und die Hüfte sind entspannt, kontrollieren aber dennoch den Bewegungsablauf.

Mit einem Lächeln geht alles besser!

Das Tempogefühl

Keine Ahnung, wie schnell ich laufen soll!

Wie du dein natürliches Tempogefühl zurückgewinnst oder
Über den Sinn und Unsinn von Pulsuhren

Welches Tempo soll ich denn nun laufen?

Drei Dinge sind für dich als Einsteiger wichtig: Langsam laufen, langsam laufen und langsam laufen. Der Fehler aller Fehler – der aber leider immer wieder aufs Neue gemacht wird – wäre es, loszubrettern wie Usain Bolt, um nach einer Minute mit hängender Zunge und platt wie 10 m² Laminat das Ende der Laufkarriere zu verkünden.

Das persönliche Tempo

Es geht nicht ums Tempo. Es geht einzig und allein darum, langsam zu laufen, locker zu traben. Lauf also bewusst langsam, langsamer, als du bisher meintest, überhaupt laufen zu können. Nimm dich bewusst zurück. Nach den einzelnen Laufabschnitten solltest du feststellen: »Ich habe etwas getan, aber jetzt kann es auch wieder weitergehen.« Am Ende eines jeden Trainings solltest du sagen können: »Das war jetzt schon eine ordentliche Leistung. Wenn es aber darauf angekommen wäre, dann hätte ich noch eine Schaufel drauflegen können.«

Nimm das Tempo bewusst wahr. So solltest du ewig weiterlaufen können, du sollst dich wohlfühlen. Es geht darum, ein ruhiges, angenehmes Dauerlauftempo zu finden. Das Gefühl für genau dieses Tempo wirst du schneller als gedacht finden. Damit ist der erste Schritt deines Projekts erfolgreich gemacht.

Zunächst bauen wir in deinem Training ausschließlich eine solide Grundlagenausdauer auf, also das Fundament des Laufens.

Wenn du in einer Gruppe trainierst, bleib bei deinem persönlichen Tempo. Lass dich nicht von anderen animieren, schneller oder auch langsamer zu laufen. Damit tust du deinem Fortschritt keinen Gefallen. Wenn andere in deiner Gruppe schneller oder langsamer laufen, lass dich nicht irritieren, jeder gibt sich die gleiche Mühe. Mach dein Ding. Lauf dein Tempo.

Vielleicht möchtest du gerne wissen, wie schnell dieses, nennen wir es einmal Basistempo, sein kann. Es bewegt sich zwischen 6:30 und 7:30 min/km. Wenn es langsamer oder schneller ist, ist das kein Problem. Übrigens: Im Laufsport gibt man das Tempo in Minuten pro Kilometer an. Wenn also von einem »7er-Tempo« die Rede ist, heißt das, du läufst einen Kilometer in sieben Minuten.

Um es noch einmal zu betonen. Lauf das Tempo, das du für dich für gut hältst!

Der »richtige« Puls

Jetzt ahnen wir schon, welche Frage als Nächstes von dir kommt: »… und 130 ist der richtige Puls, oder?« Wir können es dir nicht sagen. Hast du schon mal im Freundeskreis über deine Haar- oder Augenfarbe diskutiert? Und hast du nicht festgestellt, dass Gabis schöne, blonde Haare ihr bestens stehen? Oder dass Thomas mit seinen schwarzen Locken ein klasse Typ ist? Es lebe der Unterschied! Aber wenn es ums Laufen und die Pulsfrequenz geht, dann wird verglichen, oder? Gabi läuft locker dahin wie eine Elfe mit 140 Schlägen in der Minute, während Thomas mit 160 hinterherstampft. Wie kann das sein? Da soll jeder Mensch bei ein und demselben Tempo auch ein und dieselbe Herzfrequenz haben?

Jeder Mensch hat unter der gleichen Belastung, also beim Laufen, eine andere Herzfrequenz, seine individuelle Herzfrequenz. Jeder ist anders disponiert. Deswegen können wir dir auch nicht sagen, bei welcher Herzfrequenz du laufen sollst. Solange du sportgesund bist und das oben beschriebene Tempo läufst, spielt die damit korrespondierende Herzfrequenz gar keine Rolle. Vergleich daher niemals!

Die berühmte Formel *180 minus Lebensalter ist der optimale Puls im Ausdauersport* trifft zu – angeblich auf etwa 50 Prozent aller Läufer. Das Problem ist nur, wir wissen nicht, auf welche 50 Prozent. Diese Formel kann daher bestenfalls ein Richtwert sein, den du einmal ausprobierst. Er kann zutreffen, aber eben auch nicht. Wenn du also mit einer Pulsuhr läufst oder laufen möchtest, dann nutz den angezeigten Wert, um diese Formel für dich persönlich zu überprüfen.

Natürlich liegt jetzt der Schluss nahe, dein Einsteigertraining mithilfe der Herzfrequenz zu steuern. Das wäre doch eine feine Sache, wie die Profis. Um das sinnvoll machen zu können, benötigst du eine Referenzgröße wie z. B. einen Näherungswert für deinen Maximalpuls oder einen Laktatstufentest, wie ihn beispielsweise Fußballspieler machen müssen, um zu beweisen, dass sie ordentlich trainieren und ihr Geld wert sind. All diese Tests, die auf dem Laufband durchgeführt werden, können seriöse Werte liefern, die ein effizient herzfrequenzgesteuertes Training ermöglichen. Jetzt müssen wir allerdings ehrlicherweise sagen, dass du als Einsteiger vielleicht Mühe, wenn nicht sogar Angst hast, auf dem Laufband schnell zu laufen. Außerdem verschwendest du als Einsteiger durch fehlende koordinative Fähigkeiten und einen zunächst unökonomischen Laufstil so viel Kraft in Ausgleichsbewegungen, dass ein Test kaum aussagefähig ist.

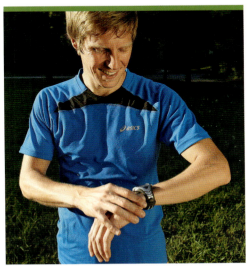

Eine Pulsuhr ist, besonders für Einsteiger, nicht erforderlich.

DAS TEMPOGEFÜHL

Das Thema »Puls« erweist sich bei genauerem Hinsehen als sehr komplex. Wir raten dir daher, dich in dieser Phase deines Lauftrainings damit erst gar nicht zu befassen. Es macht dich letztlich eher unsicher, als dass es dich wirklich mit guten Trainingsergebnissen zu deinem Ziel führt. Mach dich nicht zum Sklaven der Technik. Die Erfahrung zeigt, dass es viel sinnvoller ist, ohne Pulsuhr zu laufen, um von Beginn an nachhaltig das Tempogefühl zu schulen.

In einigen unserer Trainingspläne geht es darum, zügig oder sehr zügig zu laufen, also schneller als der ruhige Dauerlauf. Du wirst es nicht glauben, das macht einen Mordsspaß. Das Tempo soll dabei spürbar oberhalb des ruhigen Dauerlaufs liegen, aber immer für die jeweils angegebene Zeit gleichmäßig realisierbar sein. Wir laufen nicht schneller, um großartig schneller zu werden. Für die Olympischen Spiele reicht es sowieso nicht. In erster Linie tun wir das, um physische wie mentale Abwechslung zu schaffen. Raus aus der Komfortzone. In kleinen, angemessenen Dosierungen. Genieße die Abwechslung. Spüre, Variation bringt Progression. So bleibst du motiviert.

Das Tempogefühl trainieren

Du kannst dein Tempogefühl auch gezielt schulen. Wenn du im Verlauf des Trainings in der Lage bist, z. B. fünf Minuten am Stück zu laufen, mach einmal folgendes Experiment: Vermesse dir eine Strecke bestimmter Länge, z. B. mit dem Rad. Eine geeignete Länge sind 500 Meter, wobei es auf 10 Meter mehr oder weniger nicht ankommt. Nun gibst du dir selbst eine bestimmte Zeit vor, in der du diese Strecke laufen willst, sagen wir z. B. drei Minuten und dreißig Sekunden. Nun startest du deine Uhr und läufst los. Schau während des Laufens nicht auf deine Uhr. Stopp am Ende der Strecke die Uhr und lass dich überraschen, ob du deine Zielzeit von drei Minuten und dreißig Sekunden getroffen hast oder um wie viele Sekunden du darüber- oder darunterliegst.

Besonders viel Spaß machen solche Temposchätzläufe in der Gruppe. Die Gruppe einigt sich auf ein bestimmtes Tempo. Unterwegs darf gern auch heftig diskutiert werden, ob das Tempo stimmt oder nicht.

Ganz wichtig: es kommt bei diesem kleinen Experiment überhaupt nicht darauf an, besonders schnell zu laufen. Das Tempo ist nicht wichtig. Das Ziel dieser Übung besteht ausschließlich darin, die selbst vorgegebene Zeit möglichst genau zu treffen.

Wenn du in einer Gruppe trainierst, dann ist es immer gut, wenn die Gruppe homogen ist und beim Laufen zusammenbleibt. In jedem Fall nehmen die schnelleren auf die langsameren Läufer Rücksicht. Die schnelleren können gern auch vorweglaufen, kehren dann aber um, um sich der Gruppe wieder anzuschließen. Für die Schnelleren ist es eine schöne und hilfreiche Übung, auch einmal mit den langsameren zu laufen. So bleibt die Gruppe zusammen und die Schnelleren trainieren ihr Tempogefühl.

Zu guter Letzt und zum Abschluss dieses Kapitels über das Tempogefühl möchten wir gern über den Tellerrand des Lauftrainings hinausschauen. Wir leben in einer digitalen, schnellen Welt und wir haben oft den Eindruck, nicht mithalten zu können, der Geschwindigkeit des heutigen Lebens nicht mehr gewachsen, um nicht zu sagen ausgeliefert zu sein. Alles rauscht an uns vorbei. Wir nehmen nichts mehr angemessen wahr und fühlen uns überfordert.

Laufen als Entschleunigung

Versteh das Laufen deshalb auch als Entschleunigung, als dein ganz persönliches Verlangsamungsprogramm, als Zur-Ruhe-Kommen, als Abschalten. Vielleicht hilft dir unser Laufprogramm dabei, auch alltägliche Dinge etwas langsamer, dafür bewusster zu erleben oder auch zu erledigen. Wir kennen einen passionierten Marathonläufer, Vorstand eines großen, weltweit agierenden Unternehmens, der auf die Frage: »Was macht für dich den Reiz eines Marathonlaufs aus?«, antwortete: »Da muss ich für vier Stunden mal kein Telefonat entgegennehmen.«

Vielleicht hilft dir das Laufen, und zwar in erster Linie der ruhige Dauerlauf, ein Stück menschlichen Lebensrhythmus und gelassene Souveränität in der heutigen Hektik zu entdecken.

Die Entdeckung des Tempo- und somit auch Körpergefühls ist ein spannender Prozess. Nimm ihn bewusst wahr und genieße, wie du Verschüttetes oder verloren Geglaubtes »ausgräbst« und nach einem bewegungsarmen Bürotag Freude an Bewegung und am Laufen findest.

Laufen – draußen Ruhe genießen

Laufen bei Hitze und bei Kälte

Zu heiß, zu kalt – mir ist das alles zu anstrengend!

Wie du in Sommer und Winter mit Genuss läufst

Laufen bei Hitze

Auch du wirst diese Erfahrung machen: Die Mehrheit der Läufer empfindet Temperaturen zwischen 10 und 14 °C als sehr angenehm. Bei Temperaturen deutlich jenseits der 20 °C fühlen sich Läufer eher unwohl.

Heißes Wetter ist nicht per se zum Laufen ungeeignet, mit einigen kleinen Hinweisen überstehst du heiße Phasen:
Stell zunächst einmal sicher, dass du sportgesund bist.

Wenn du dich wirklich mit hohen Temperaturen überfordert fühlst, lass dein Training ausfallen. Geh dafür zum Beispiel schwimmen.

Lass es »piano« angehen. Wenn du nach einem Plan trainierst, der höhere Belastungen wie z. B. Tempoläufe, Intervalle o. Ä. vorsieht, lass solche Einheiten weg und lauf dafür eher ruhig.

Hol dir dein Lob!

Lass dich für den Entschluss, mit den Laufen zu beginnen, oder für toll durchgezogene Trainingseinheiten loben. Das motiviert dich, den Entschluss auch umzusetzen bzw. dranzubleiben. Fordere andere auf, dich zu loben. Lob dich selbst. Woher ein Lob kommt, ist egal. Es freut dich immer. (Eine freundliche Bedienung im Restaurant ist auch nicht uneigennützig, dennoch freust du dich darüber.)

Laufe im Idealfall morgens, wenn es noch kühl ist. Nach getaner »Arbeit« startest du motiviert in deinen Tag.

Wenn du abends läufst, solltest du zwischen dem Ende des Laufes und dem Zu-Bett-Gehen ca. 90–120 Minuten Ruhe haben.

Laufe nie, wenn dein Schatten kürzer ist, als du groß bist. Alte, aber gute Läuferweisheit!

Zieh dünne, leichte Funktionsbekleidung an. Setz eine Kappe aus Funktionsmaterial auf, keine Baseballkappe. Tauche die Kappe vor dem Start in kaltes Wasser und setz sie dann auf. So hast du zumindest für die erste Phase deines Trainings einen kühlen Kopf.

Benutze Sonnencreme!

Trag eine gute Laufsonnenbrille.

Lauf im Schatten. Nutze Strecken, die möglichst ganztags im Schatten liegen und daher abends keine Wärme abstrahlen.

Wechsel auch bei hohen Temperaturen nach dem Laufen umgehend deine Kleidung, damit du nicht Gefahr läufst, dich z. B. durch Zugluft zu erkälten.

Trinke regelmäßig, auch wenn du keinen Durst verspürst. Bereite isotonische Getränke, die du selbst aus Pulver und Wasser mischst, dünner zu, als die Gebrauchsanweisung vorgibt. In der

Regel wird die angegebene Mischung als zu dickflüssig empfunden.

Trinke tagsüber ausreichend gutes, nicht zu stark gekühltes und eher stilles Mineralwasser, das u. a. deinen Elektrolythaushalt im Gleichgewicht hält. Achte auf einen hohen NaCl-Wert. Salzmangel kann beim Laufen zu Krämpfen führen. Faustregel für die Trinkmenge: 0,035 l pro Tag und kg Körpergewicht – das sind bei einem 70 kg schweren Menschen etwa 2,4 l. Dazu trinkst du ½ Liter pro Stunde Sport. Wenn dein Urin einmal am Tag klar ist, kannst du davon ausgehen, genug getrunken zu haben.

Trink keine größeren Mengen direkt vor dem Start deines Trainings.

Nach dem Training bei Hitze solltest du in kleinen Portionen trinken. Zusätzlich kannst du mit einer Banane Kohlenhydrate aufnehmen. Wenn dir das ständige Mineralwassertrinken zu »öde« ist, schaff dir Abwechslung durch einen Schuss Zitronensaft oder eine Mixtur aus viel Mineralwasser, etwas Holunderblütensirup und einigen zerdrückten Minzeblättern.

Ernähr dich leicht mit Salaten und Früchten wie z. B. Melonen.

Mach es wie der Hund: Bleib im Schatten! Im Sommer bietet es sich an, im kühlen Wald zu laufen.

Laufen bei Kälte

Draußen fallen die Schneeflocken, die Quecksilbersäule hat ein Minus davor ... So paradox es zunächst klingen mag, sehr viele Läufer bevorzugen den Winter als schöne Laufzeit. Winterwetter ist zum Laufen durchaus geeignet, es ist aber ein viel diskutiertes Thema. Für einen gesunden Menschen ist das Laufen bei Kälte nicht ungesund! Laufen auch bei sehr tiefen Temperaturen kann der Gesundheit durch Stärkung des Immunsystems zuträglich sein. Es gibt jedoch Krankheiten wie z. B. Asthma, die das Laufen bzw. den Aufenthalt draußen bei Kälte nicht ratsam erscheinen lassen.

Wir möchten dir einige Hinweise an die Hand geben, damit du deinen Lauf auf Schnee oder bei Minusgraden gut meisterst. Wahrscheinlich wird er sogar zum Erlebnis:
Stelle zunächst sicher, dass du sportgesund bist.

Was ist Kälte? In Zusammenhang mit einer sportlichen Betätigung sind damit niedrige Temperaturen bis −20 °C gemeint. Bei noch tieferen Temperaturen sollte man extrem vorsichtig sein, aber keineswegs wegen der Atemluft, sondern wegen der mangelnden Durchwärmung der Muskulatur. Bei Temperaturen darüber bzw. zwischen etwa 0 °C und −10 °C gilt es, sich vor dem eigentlichen Laufprogramm gewissenhaft aufzuwärmen. Somit sinkt das Verletzungsrisiko durch zu kalte Muskeln deutlich.

Ebenfalls sollten die Intensitäten eher im unteren Belastungsbereich bleiben, also im Bereich des ruhigen Dauerlaufs.

Das am häufigsten vorgebrachte Argument, die eingeatmete kalte Luft schade den Atemwegen, ist nicht stichhaltig, solange man nicht an Erkrankungen der Atemwege leidet:
»Ist Laufen bei Kälte schädlich? Körperlich belastende Winter-Ausdauersportarten wie Skilanglauf und Biathlon zeigen, dass das nicht der Fall ist. In diesen Sportarten werden bei Außentemperaturen, die bei −15 °C und niedriger liegen, körperliche Höchstleistungen erbracht. Die erstaunliche Tatsache, dass dabei keine Vereisung der Bronchien auftritt, lässt sich durch das Hagen-Poiseuille-Gesetz erklären, das das Verhalten von Strömungen in Röhrensystemen beschreibt. Ausgehend von der großen Luftröhre verzweigen sich die Bronchien 22- bis 24-mal in jeweils zwei Röhren. Dadurch ist der Gesamtquerschnitt des Röhrensystems in der Summe sehr groß, die Strömungsgeschwindigkeit der Atemluft in den kleiner werdenden Bronchialwegen verlangsamt sich entsprechend. Das hat eine wesentlich längere Kontaktzeit der Bronchialwege mit der eingeatmeten Luft zur Folge, die sich dadurch erwärmt. Bedenkt man zudem, dass der menschliche Organismus bei Kälte seinen Grundumsatz, also die Energie zur Aufrechterhaltung der Körperkerntemperatur von 37 °C, um das Vierfache steigern kann, wird verständlich, dass dieses variabel funktionierende Heizungssystem der Bronchien und der Lunge selbst bei extrem niedrigen Lufttemperaturen eine Vereisung verhindern kann.«
(Quelle: Runner's World Magazin, Ausgabe 12/2002; Martin Grüning)

Unsere Erfahrung zeigt, dass sogenannte Klimastoffe (wie z. B. Gore-Tex oder Sympatex) bei nassem Schnee, quasi Regen, nur eine begrenzt lange Zeit dicht halten und sie auch nur eine begrenzte Menge an Schweiß bzw. Wasserdampf nach außen abtransportieren. Ihre Funktion ist durchgeweicht erheblich eingeschränkt. Eine Klimastoff-Jacke arbeitet nur dann atmungsaktiv, wenn alle Schichten darunter auch eine solche Funktion besitzen.

Gerade das »Darunter« richtet sich nach der Art des anstehenden Laufes bzw. der Körpertemperatur, die man entwickelt. Je nach Außentemperatur und in Verbindung mit dem zu laufenden Tempo verfährt man am besten nach dem Zwiebelprinzip. Die letzte äußere Schicht sollte die Funktion eines »Windbreakers« übernehmen können, so bleibt die direkte Luft am Körper warm.

Denk bei der Laufhosenwahl an deine Gelenke und die Achillessehne. Sie können unter kaltem Wind massiv leiden. Zum Beispiel kann sich die Knochenhaut am Schienbein entzünden. Eine kurze Hose bei −2 °C mag mutig, superhart und heldenhaft aussehen, ist aber eher unklug! Beim Laufstart sollte man ganz leicht frieren, dann sind Temperatur und Kleidungswahl nach etwa 10–15 Minuten lockeren Warmlaufens optimal.

Über den Kopf gibt der menschliche Körper Wärme ab – kann aber auch durch z. B. nass geschwitzte Haare zu viel verlieren. Daher bietet sich an, gerade bei Minusgraden das Laufen mit einer Mütze zu probieren. Lass aber auch bei Temperaturen von unter 0 °C oder einer eisigen Brise das Gesicht frei, denn einen Teil der Temperaturregulierung für den gesamten Körper findet über die Gesichtshaut statt. Wird diese durch Tücher, »Buffs« oder Gesichtsmasken schön warm gehalten, friert man u. U. am gesamten Körper unnötig.

Eine Sonnenbrille mit orangefarbenen Gläsern gibt guten Kontrast auch bei Bewölkung, mindert die Blendung durch große Schneeflächen und schützt gleichzeitig die Augen vor Zug. Auch als Kontaktlinsenträger schützt dich eine gute Laufbrille vor Fremdkörpern.

Vorsicht bei abgelaufenen Sohlen! Hier besteht erhebliche Rutschgefahr im Winter auf festge-

Laufen im Winter – perfekt mit der richtigen Kleidung!

tretenem Schnee. Bei wieder angefrorenem Schnee empfehlen sich Trailschuhe mit weicher Gummisohle und -stollen.

Kontrolliere vor dem Start vor der Haustür immer erst die Bodenverhältnisse.

Nasse Laufschuhe trocknen langsam. Daher empfiehlt es sich, mehrere Paare Schuhe zur Verfügung zu haben, zumindest zwei Paar wären gut.

Kleiner Tipp: Mit Trailrunning-Schuhen macht ein Winterlauf im Wald durch den frisch gefallenen Schnee und hügeliges Gelände gewaltig Spaß!

Viele Läufe finden im Winter in der Dämmerung oder bei Dunkelheit statt, daher die Stirnlampe nicht vergessen. Lauf bei Dunkelheit auch mit der Stirnlampe nur solche Strecken, die dir wirklich vertraut sind.

Wenn du abends läufst, sollten zwischen dem Ende des Laufes und dem Zu-Bett-Gehen ca. 90–120 Minuten Ruhe liegen.

Trag helle, leuchtende Laufkleidung mit Reflexionsstreifen oder zumindest ein weißes oder leuchtend farbiges Laufcap oder Mütze.

Nutze nach Möglichkeit Strecken, die beleuchtet sind.

Im Straßenverkehr ist ein reflektierendes Armband mit roten Blink-LEDs sinnvoll. Diese sind bis aus 300 Meter Entfernung erkennbar und im Sportfachhandel erhältlich.

Laufen im Winter – gut profilierte Schuhe machen es sicher!

Viele Radfahrer haben leider gar kein Licht oder nur ein LED-Lichtchen, um selbst etwas erkannt zu werden – hier ist äußerste Vorsicht geboten!

Autofahrer achten nur auf andere Fahrzeuge oder »normale« Fußgänger, aber nicht auf schnelle »Fußgänger«, eben uns Läufer, die wir plötzlich aus dem Dunkeln heraus auftauchen! Bedenk immer, dass du als Läufer ohne Ausnahme der schwächste aller Verkehrsteilnehmer bist. Lauf außerhalb geschlossener Ortschaften auf Straßen immer dem Verkehr entgegen! Nur so kannst du rechtzeitig auf kritische Situationen reagieren.

Sorge deinerseits aktiv und offensiv für deine eigene Sicherheit!

Lade dir eine zuverlässige Wetter-App auf dein SmartPhone.

Trinke keine größeren Mengen direkt vor dem Start des Trainings.

Trinke bei längeren Trainingsläufen regelmäßig etwas, auch wenn du keinen Durst verspürst. Durch die im Winter durch die Kälte häufig sehr trockene Luft verdunstet man mehr Flüssigkeit als gedacht.

Bei Winterläufen nicht von der eigenen Wohnung aus ist besondere Vorsorge geboten.

Immer ein Handtuch, ein trockenes T-Shirt, trockene Socken, trockene Schuhe und einen warmen Pulli oder Fleece und Trainingshose dabeihaben.

Nach dem Lauf dann sofort schnell raus aus der verschwitzten Kleidung, alles in eine Plastiktüte. Bei Bedarf mit etwas Wasser eine »Katzenwäsche« und abtrocknen! Schnell rein in die trockene Kleidung und erst dann im Auto ein Schluck isotonisches Getränk oder etwas essen. Viele dieser »Isogetränke« kann man übrigens auch gut mit heißem Wasser zubereiten und in einer Thermoskanne mitnehmen, um z. B. nach einem Wintertraining sofort etwas Warmes zu trinken bereitzuhaben.

Einmal kurz mit freiem Oberkörper nach dem Laufen zum Umziehen in der Kälte zu stehen ist bei Weitem ungefährlicher, als sich mit durchnässter Kleidung auf eine Autofahrt oder eine Fahrt mit öffentlichen Verkehrsmitteln zu machen, geschweige denn mit dem Rad unterwegs zu sein.

Open-Window-Effekt! Das Immunsystem wird durchs Laufen belastet und stärkt sich in den Ruhepausen. Daher ist es wichtig, das Immunsystem nach dem Sport nicht noch stärker durch die Verdunstungskälte feuchter Kleidung zu belasten. Deshalb ist Umziehen so wichtig.

Nimm zu Hause eine heiße Dusche und dehne dann moderat.

Laufen ist eine Sportart in und mit der Natur, Zeit an der frischen Luft, Zeit gemeinsam in der Gruppe draußen mit viel Spaß oder Zeit für dich allein. Als Einziger die Wege entlangzulaufen – kein anderer geht bei diesem Wetter hinaus, kein anderer setzt seinen Füße zuerst in den frisch gefallenen Schnee. Dieses Naturerlebnis hast du nur beim Laufen im Winter.

Laufen und Ernährung

Laufen macht schlank!

Sagenhaftes übers Abnehmen oder
Wie es wirklich funktioniert

Abnehmen durch Laufen

Abnehmen – das »große« Thema, wenn es um Sport und insbesondere ums Laufen geht. Einsteiger beginnen oft mit dem Laufen, weil sie sich zu dick finden. Viele von uns haben sitzende Tätigkeiten und sind körperlich inaktiv – überflüssige Pfunde sind das Ergebnis. Darüber hinaus essen wir zu viel, die Energiezufuhr wie übrigens auch die Energiedichte unserer Nahrung ist schlichtweg zu hoch. Wir haben leider in unserer Bewegungslosigkeit das Bewusstsein dafür verloren, mit wie wenig Energie unser Organismus letztlich auskommt. Das ist ein Problem unserer sogenannten zivilisierten Gesellschaft. Dabei ist Übergewicht nicht nur eine Frage der Ästhetik, vielmehr führt das Mehr an Gewicht zu vielfältigen gesundheitlichen Risiken. Koronare Herz-Kreislauf-Erkrankungen, ein gestörter Cholesterinspiegel und eine verminderte Ausdauerfähigkeit sind nur einige der mit Übergewicht verbundenen negativen Auswirkungen.

Laufen und eine daraus resultierende positive Lebenseinstellung führen zu mehr Lebensqualität und verhindern einen Jo-Jo-Effekt, der bei Diäten zu beobachten ist. Viele Anbieter solcher Wunderdiäten vermitteln häufig das Gefühl, man müsse lediglich seine Kalorien zählen und schon würden die Pfunde purzeln. Mathematische Kenntnisse sind jedoch unerlässlich beim ständigen Zählen der Kalorien.

Ein gutes Essen mit guten Freunden ist ja auch ein Stück Lebensqualität. Und nun soll ich auf einmal auf das alles verzichten? Wo bleibt da die Lebensfreude?

Betrachte Laufen als deine ganz persönliche Erkenntnis, etwas für deine Gesundheit und deinen Körper tun zu müssen. Das ist dein oberstes Ziel.

Abnehmen ist Einstellungssache!

Du möchtest abnehmen, weil du dich zu dick findest. Die Gründe können verschiedener Art sein, aber jeder hat das große Ziel der Gewichtsreduktion. Eines solltest du dabei nicht vergessen: Abnehmen beginnt im Kopf. Wenn du es schaffst, die Couch-Potatoe hinter dir zu lassen und dich der Herausforderung zu stellen, dich mehr zu bewegen und anders zu essen, dann hast du schon den großen, entscheidenden Schritt in die richtige Richtung gemacht.

Triff Verabredungen mit dir selbst!

Trag dir die Lauftermine in deinen Terminkalender ein, wie du Verabredungen mit deinen Freunden zum Essen, zum Kino, zum Tanzen etc. auch einträgst. Und halt sie ein, wie du Verabredungen mit deinen Freunden zum Essen, zum Kino, zum Tanzen etc. auch einhältst.

Jetzt denkst du bestimmt, dass die leckeren Verführungen wie Kuchen, Schokolade, Chips, ein gutes Bier oder ein guter Wein und all die anderen Kalorienbomben passé sind. Bau dir keine unnötigen Barrieren auf! Laufen soll Spaß machen. Schränkst du dich in deinen Lebensgewohnheiten zu stark ein, führt das zu einer verminderten Lebensqualität. Das Ziel gerät in Gefahr. Halte dir immer vor Augen, dass die überflüssigen Pfunde auch nicht von heute auf morgen gekommen sind. Geh entspannt an das Projekt Laufen heran und versuche nicht, auf Biegen und Brechen den Erfolg kurzfristig zu erzwingen. Nimm dir die Zeit, die wir dir mit diesem Projekt geben, nachhaltig Erfolg zu haben. Bleib dran und zieh dein Training Woche für Woche gewissenhaft durch. Du wirst feststellen, wie sich langsam die Haut strafft und die Muskulatur kräftiger wird.

Negative Energiebilanz

Entscheidend für ein echtes, nachhaltiges Abnehmen ist eine negative Energiebilanz. Die täglich aufgenommenen Kalorien abzüglich der pro Tag verbrauchten Kalorien entsprechen der täglichen Kalorienbilanz. Es bedeutet also nichts anderes, als mehr Kalorien pro Tag zu verbrauchen, als zu sich zu nehmen. Ist die Bilanz gleich null, bleibt das Gewicht konstant. Liegt die Bilanz darunter, reduzierst du dein Gewicht.

Gemeinsam trainieren – gemeinsam essen. Soziales Miteinander ist wichtiger als einsames Kalorienzählen.

Wie funktioniert das richtig?

Der immer gehörte Rat, man müsse nur langsam laufen, stimmt nur sehr bedingt. Die besten Resultate hinsichtlich der eigentlichen Fettverbrennung werden bei 50 Prozent der maximalen Herzfrequenz erzielt. 90 Prozent der verbrannten Kalorien stammen aus der Fettverbrennung.

tägliche Kalorienbilanz =
tägliche Kalorienaufnahme –
täglich verbrauchte Kalorien

Vergleicht man die Energiebilanz von langsamem, aerobem Laufen mit intensivem, anaerobem Laufen, dann relativiert sich das Ergebnis deutlich. Intensives Training verbrennt in der Tat mehr Kalorien, ähnlich dem Spritverbrauch beim Autofahren. Beim Laufen mit 50 Prozent der maximalen Herzfrequenz werden 7 Kalorien pro Minute verbraucht, während es bei 75 Prozent der maximalen Herzfrequenz schon doppelt so viele sind, also 14 Kalorien. Nimmt man diese Werte in die Trainingsbilanz auf, ergeben sich beim schnellen Laufen 8,4 Fettkalorien pro Minute im Gegensatz zum lockeren Dauerlauf mit 6,3 Kalorien pro Minute aus der Fettverbrennung.

Was bedeutet das für dich als Einsteiger?

Fürs Abnehmen spielt das Lauftempo eine untergeordnete Rolle. Einzig und allein, sich zu bewegen, entscheidet über deinen Erfolg. Jetzt bloß nichts überstürzen. Du brauchst Zeit! Dein Körper verändert sich mit der körperlichen Belastung durch das Laufen. Während die Muskulatur sich relativ schnell der neuen, körperlichen Belastung anpasst und kräftiger wird, benötigen Sehnen, Bänder und vor allem das Skelett mehr Zeit zur Adaptation.

Das Herz-Kreislauf-System wird leistungsfähiger, der Cholesterinspiegel sinkt. Das gesunde HDL-Cholesterin nimmt zu und verdrängt das schlechte LDL-Cholesterin. Und das Tolle daran – ganz ohne Medikamente mit riskanten Nebenwirkungen.

Langsames Laufen bzw. ganz lockeres Traben ist für dich als Einsteiger zu Beginn die richtige Trainingsdosierung. Der Körper soll genügend Zeit bekommen, sich auf die Trainingseinheiten einzustellen, sich anzupassen und auf eine

Regelmäßiges Trinken unterstützt das Abnehmen.

Trainingssteigerung gut vorbereitet zu sein. Du sollst ja nicht wegen Überlastung des Bewegungsapparats nach einem 8-wöchigen Training eine Pause einlegen müssen. Sieh diese Anpassungsprozesse als spannende Prozesse und beobachte dich selbst.

In der ersten Phase unseres Trainings wird die Fettverbrennung angekurbelt. Du erreichst dadurch eine erhöhte Aktivität der fettspaltenden Enzyme und somit einen schnelleren Zugriff auf die Fette sowohl bei Belastung als auch in Ruhe. Das aerobe Laufen hat unter anderem zur Folge, dass vor allem die Beinmuskulatur gekräftigt und aufgebaut wird. Keine Sorge: Du siehst nicht am Ende aus wie Arnold Schwarzenegger!

Da Muskulatur schwerer als Fett ist, kann es sogar zu einer anfänglichen Zunahme des Körpergewichts kommen. Lass dich dadurch niemals entmutigen. Die Umbauprozesse in deinem Körper laufen bereits auf Hochtouren. Muskelzuwachs hat zur Folge, dass dein Energiebedarf erhöht ist – rund um die Uhr! Ein weiterer Schritt in die richtige Richtung mit deinem Ziel Gewichtsabnahme.

Mediziner haben ein interessantes Phänomen entdeckt: Wasser trinken als Hilfsmittel zum Abnehmen. Ursprünglich ging man davon aus, dass Wasser in erster Linie einen sättigenden Effekt habe und man im Anschluss weniger esse. Neu ist: Trinkt man einen halben Liter Wasser in einem Zug, steigt der Stoffwechsel für die nächsten 90 Minuten um bis zu 30 Prozent und um einen zusätzlichen Energieverbrauch von rund 25 Kilokalorien. Hält man sich an die Trinkempfehlung von 2 bis 3 Liter Wasser am Tag, könnte das in deiner Energiebilanz einen Mehrverbrauch von 100 bis 150 Kilokalorien bedeuten.

Kalorien

Der Kalorienverbrauch beim Laufen ist nicht nur von der Dauer und der Intensität der Belastung abhängig, sondern auch vom Alter und Geschlecht. Um den Kalorienverbrauch beim Laufen zu berechnen, hilft dir folgende Formel:

Kalorienverbrauch = Kilometer × Kilogramm (Körpergewicht) × 1,036

Viel interessanter ist der nach dem Training gesteigerte Energieumsatz und damit auch der gesteigerte Fettstoffwechsel in der Erholungsphase. Der Körper verbrennt Kalorien über mehrere Stunden nach der Belastung hinweg. Diesen Effekt bezeichnet man als sogenannten Nachbrenneffekt.

Wer trainiert, wird mit einem erhöhten Energiebedarf des Körpers nach Belastung belohnt. Du hast dir das Stück Kuchen oder das heiß ersehnte Stück Schokolade verdient – vorausgesetzt, die Energiebilanz am Ende der Woche liegt bei null oder, besser, ist negativ.

Hau also ruhig mal rein, du bist ja auch ein Genussmensch!

Leg dafür einen anderen Tag in der Woche ein, an dem du dich ganz bewusst einschränkst und dich sparsam mit Obst und Gemüse ernährst.

Um den Grundumsatz an Tageskalorien zu errechnen, kannst du dich so orientieren:

Grundumsatz Männer pro Tag:
Körpergewicht × 23
Grundumsatz Frauen pro Tag:
Körpergewicht × 20

Eine Frau, die beispielsweise 65 kg wiegt, hat einen täglichen Grundumsatz von ca. 1300 Kilokalorien. Der Verbrauch kann je nach Arbeitstätigkeit gesteigert werden um den Faktor 1,3 bei geringerer bzw. um den Faktor 1,5 bei größerer Anstrengung.

Vergleicht man den Kaloriengrundumsatz der 65 kg schweren Frau mit der Energie von 3 Tafeln Schokolade, wäre bei mittlerer Anstrengung der komplette Kalorienbedarf eines Tages gedeckt.

Aktiv im Alltag

Integriere deine neu erworbene Erkenntnis, etwas aktiv für dich und deine Gesundheit tun zu wollen, in deinen Alltag. Du willst ja nachhaltig mit Erfolg abnehmen. Du hast neben deinem Lauftraining viele Möglichkeiten, die meist aus Bequemlichkeit ungenutzt bleiben, aktiver zu werden und dich mehr zu bewegen. Unser Tag beginnt mit dem Weg zur Arbeit. Nutze diese quasi auf dem Weg liegende Chance, mehr Kalorien zu verbrennen. Du musst es nur wollen und vielleicht ein bisschen mehr Zeit einplanen. Nimm für kurze Wege nicht den Bus oder die Tram, sondern geh einfach ein Stück – eine ganz neue Perspektive. Ein kurzer Spaziergang zur Arbeit bzw. von dort nach Hause tut gut und gibt neue Lebensenergie.

Nimm die Treppe anstatt der Rolltreppe oder des Aufzugs. Jede Treppenstufe, die du steigst,

verlängert dein Leben um eine Sekunde. Nutze die Mittagspause für einen kleinen Spaziergang und bleib nicht sitzen. Motiviere deine Kollegen mitzukommen. Zu zweit ist Bewegung kurzweilig und macht doppelt Spaß. Fahre mit dem Rad zur Arbeit, anstatt das Auto oder die öffentlichen Verkehrsmittel zu nehmen.

Das waren nur einige Tipps, wie du deinen Alltag aktiver gestalten kannst. Wichtig ist, egal, ob im täglichen Trott oder bei der nächsten Trainingseinheit, dass Spaß und Freude an der Bewegung im Vordergrund stehen. Spaß und Freude kommen vielleicht nicht von heute auf morgen. Aber wie heißt so schön zum Thema passend: Der Appetit kommt beim Essen! Vielleicht hast du noch eine Hose aus einer Zeit, zu der du dich einmal rank und schlank gefühlt hast. Ein deutlich besserer Weg als der ständige Blick auf die Waage wäre es, wieder problemlos in diese Hose zu passen. Wenn du dann auf die Waage siehst, bist du wahrscheinlich erstaunt, dass sich dein Gewicht vielleicht gar nicht so deutlich reduziert hat, dein Körper aber eine definierte, schlanke Linie hat.

Fazit

Wer sich viel bewegt, nimmt nicht unbedingt sofort ab. Das wäre auch nicht gesund. Vielmehr soll sich die Körperzusammensetzung ändern: weniger Fett – mehr Muskulatur! Das geht aber nicht von heute auf morgen und erfordert Konsequenz und etwas Geduld. Das Leben hält jedoch mit dem Laufen die natürlichste Art der Fortbewegung bereit. So lebst du nicht nur gesünder, sondern machst es dir leichter, dein Körpergewicht zu halten oder zu reduzieren, ohne dabei auf Lebensqualität zu verzichten. Am Ende des Tages entscheidet die negative Kalorienbilanz über Zunahme, Beibehalten oder Reduktion deines Gewichts. Nicht nur kurzfristig, sondern nachhaltig.

Trinken

Zusammen mit der Ernährung stellt das Trinken den Erhalt der Körperfunktionen sicher. Wasser ist die Grundlage allen Lebens und für alle Körperfunktionen enorm wichtig. Unser Körper besteht zu über 60 Prozent aus Wasser. Verlieren wir bereits 2 Prozent des Körpergewichts in Form von Wasser, kann das zu einer deutlichen Verminderung der Leistungsfähigkeit führen. Bei den meisten Menschen entspricht dies einem Schweißverlust von unter 2 Litern. Die Menge ist jedoch von Mensch zu Mensch unterschiedlich.

Was hat es nun auf sich, wenn du schwitzt und dabei Wasser und Salze verlierst? Je nach körperlicher Intensität, Dauer sowie Umgebungstemperatur und Luftfeuchtigkeit schwitzt du mehr oder weniger. Schwitzen muss übrigens kein Indiz für einen schlechten Trainingszustand sein. Ganz im Gegenteil — wenn du eine gute Ausdauer besitzt, kannst du sogar früher schwitzen, weil deine Thermoregulation effizienter ist und dir eine höhere Anzahl an Schweißdrüsen zur Verfügung steht. Schwitzen dient zur Wärmeregulation des Organismus, damit dein »Motor« nicht heiß läuft und kollabiert. Der Schweiß verteilt sich auf deiner Haut und versucht dadurch, deinen Körper zu kühlen.

Mit dem Schweiß gehen auch darin gelöste Salze, vor allem Kochsalz, verloren. Ein Wasser-

Setz dir dein Ziel!

Ein motivierendes Ziel hält dich bei der Stange. Steck dein Ziel hoch, aber realistisch. In unserem Fall je nach Plan: 30 Minuten, später 60 Minuten Laufen am Stück in deinem Tempo!

verlust von zwei Litern pro Stunde ist dabei nichts Ungewöhnliches.

So weit die Theorie. Was bedeutet das jetzt für dich konkret beim Laufen? Bei Trainingsläufen bis zu 45 Minuten brauchst du dir keine Gedanken über deinen Wasserhaushalt zu machen. Wenn du über den Tag verteilt genügend Flüssigkeit zu dir genommen hast und etwa eine halbe Stunde vor dem Training noch einmal ein Glas Wasser trinkst, reicht das völlig aus. Statt des Wassers kannst du auch ein oder zwei Tassen Kaffee trinken, um die fettstoffwechselanregende Wirkung des Koffeins zu nutzen.

Der Körper benötigt pro Tag 2–3 Liter Flüssigkeit, die du zur Hälfte über die Nahrung und zur anderen Hälfte über gezieltes Trinken aufnimmst. Dabei darfst du auch koffeinhaltige Getränke, wie z. B. Tee oder Kaffee, in deine Tagesbilanz einbeziehen, da sie nur kurzzeitig harntreibend wirken. Als Faustregel für deine individuelle Gesamtflüssigkeitsmenge pro Tag kannst du diese einfache Formel zur Berechnung sehen:

Körpergewicht in Kilogramm × 0,035 = Flüssigkeitsmenge in Liter pro Tag

Ein Beispiel: Du wiegst 70 kg. 70 × 0,035 = 2,4 Liter pro Tag. Zusätzlich trinkst du etwa ½ Liter pro Stunde Sport.

Je länger du beim Training unterwegs bist, umso wichtiger ist es, sich Gedanken über die Flüssigkeitszufuhr zu machen. Bei Trainingseinheiten von über einer Stunde solltest du alle 20 Minuten etwas trinken, um dem Flüssigkeitsverlust frühzeitig entgegenzuwirken. Es gibt verschiedene Möglichkeiten, wie du dich mit Flüssigkeit versorgen kannst. Plane deine Laufstrecken so, dass du an einem Supermarkt, einer Tankstelle (etwas Kleingeld mitnehmen!), einem Brunnen oder einer anderen Trinkmöglichkeit vorbeiläufst, an der du einen kurzen Halt machen kannst. Vielleicht kann dich auch dein Partner oder ein Freund mit dem Rad begleiten und Wasserträger für dich spielen. Bei Bedarf reicht er dir dein Getränk.

Oder du besorgst dir für deine längeren Einheiten einen Trinkgürtel, der mit 4 oder 5 kleinen Fläschchen ausgerüstet ist. Das hilft dir, unterwegs deinen Wasserhaushalt aufrechtzuerhalten.

Ein Getränk mit einen einem geringen Kohlenhydratanteil von 6–8 Prozent kann zudem hilfreich auf längeren Läufen sein.

Hier noch einige Tipps. Manchmal ist einem das Trinken einfach nur lästig, weil man gar keinen Durst spürt. Dennoch solltest du deinen Flüssigkeitshaushalt in Balance halten. Das hält dich gesund und fit und macht das Lauftraining spürbar leichter und angenehmer. Wenn dir das Trinken von Wasser zu langweilig ist, gib einen Schuss Zitronensaft oder Fruchtsaft dazu. Bestell dir zu jedem Espresso oder Cappuccino ein Glas Wasser dazu.

Damit du den Überblick behältst, wie viel du bereits getrunken hast oder noch trinken solltest, stell dir deine richtige Ration morgens an deinen Schreibtisch. Übrigens: Die Temperatur des Getränks hat keinen Einfluss auf dessen »Verarbeitung« durch Magen und Darm. Im Sommer darf es also kalt und im Winter warm sein.

Meide Cola-Getränke und Limonaden wegen ihres hohen Zuckergehalts. Auf Alkohol solltest du weitestgehend verzichten. Wobei auch hier gilt: Die Dosis macht das Gift. Ein Glas Wein (0,1 l) oder ein Bier (0,3 l) am Tag sind sicher innerhalb des tolerablen Bereichs.

Der wirkliche Nutzen von Sportgetränken ist umstritten. Denkbar sicher und einfach hingegen ist deren eigene Herstellung: Nimm ein gutes, mineralstoff- und natriumhaltiges Wasser und misch es mit 5–10 Prozent Maltrodextrin. Du kannst auch, wenn du dir über die Qualität des Mineralwassers nicht im Klaren bist, normales Wasser verwenden, dem du eine Prise (1 g auf 1 l) Kochsalz zusetzt.

Zu guter Letzt: Du wirst es nicht glauben, aber man kann auch zu viel trinken. Das als Hypernatriämie bekannte Phänomen beschreibt Tim Noakes in seinem Buch *Lore of Running*. Diese sogenannte Wasservergiftung kann gesundheitsgefährdend sein und wirkt schädlich auf das Leistungsvermögen. Fazit: Trink richtig, das heißt: angemessen. Nicht zu wenig – nicht zu viel!

Der erste Wettkampf

Und was nun?

Ein Ausblick in deine läuferische Zukunft und
Wie ich mein erstes Rennen laufe

Und was nun? Ein Ausblick

Wir gratulieren dir ganz herzlich! Der Einstieg ins Laufen ist dir gelungen, du hast nach acht Wochen dein Ziel erreicht. Jetzt kannst du stolz auf dich und deine Leistung sein. Mach einige Tage Pause und lass das Erlebte Revue passieren. Vielleicht beschleicht dich sogar das Gefühl einer gewissen Leere, weil du auf einmal ohne Laufaufgaben bist. Das zeigt dir aber deutlich, wie sehr du dich über die letzten Wochen ans Laufen gewöhnt hast. Jemand hat diesen Zustand einmal »die Melancholie der Erfüllung« genannt. Wir glauben, das ist eine schöne und treffende Beschreibung. Lehn dich jetzt aber nicht zurück und ruh dich auf deinen Lorbeeren aus. Im Gegenteil: Das war erst der Start in deine Laufkarriere!

Welche Möglichkeiten hast du, dich weiterzuentwickeln, auch weiterhin Spaß am Laufen zu haben, gesund zu bleiben und Laufen als substanziellen Bestandteil deines Lebens zu erhalten?

Lauf barfuß!

Wenn du auf einem Fußballplatz oder einer wirklich sauberen Wiese die Möglichkeiten hast, lauf barfuß. Mach zum Beispiel deine Mobilisations- und Lauf-Abc-Übungen barfuß, bevor dein eigentliches Laufprogramm beginnt. Das ist ein wunderbares Gefühl, stärkt deine gesamte Fußmuskulatur und hilft dir, dein Körpergefühl ein Stück weiterzuentwickeln.

Im Grunde gibt es zwei Möglichkeiten: Du möchtest weiterhin einfach laufen, draußen sein, dein Laufen für dich genießen und etwas für deine Entspannung und deine Gesundheit tun. Du läufst gern allein, möchtest aber ab und zu in einer Gruppe unterwegs sein, um Unterhaltung zu haben oder dich auch über ernsthafte Themen auszutauschen. Dann solltest du, um in Genuss der Benefits zu kommen, mindestens zweimal, im Idealfall dreimal pro Woche mindestens 45 Minuten laufen. Denk immer auch an die zusätzlichen Übungsprogramme. Eine der Einheiten sollte anspruchsvoll sein oder zumindest fordernde Elemente enthalten. Da sind deiner Fantasie keine Grenzen gesetzt. Ein einmaliges Lauftraining pro Woche macht keinen Sinn bzw. bringt dir nicht die Benefits, die du von einem seriösen Lauftraining erwartest.

Die andere Möglichkeit, die du mit dem Erreichten hast, ist die Teilnahme an einem Rennen. Ein 5-km- oder 10-km-Lauf liegt absolut in deiner Reichweite. Ob du Gefallen an einer Rennkarriere findest, kannst nur du für dich herausfinden. Probiere es also. Du musst keine Sorge haben, Letzter zu werden. Du bist gut trainiert, hast dir über die Wochen Tempo- und Körpergefühl erarbeitet. Du schaffst es.

Vielleicht geistert auch das Wort »Marathon« durch deinen Kopf. Wenn du bereit bist, relativ viel Zeit zu investieren, mit Struktur und ohne Ausreden über mindestens ein Jahr zu trainieren, viele Rennen zwischen 5 km und 21,1 km

(Halbmarathon) zu laufen und deine Familie und deine Umgebung das Unterfangen mitmachen, dann kannst du daran denken.

Nicht nur das Laufen eines Marathons, sondern jede Rennteilnahme setzt ein regelmäßiges und sinnvoll strukturiertes Training voraus. Mal eben so funktioniert das nicht. Auf der anderen Seite macht ein Training, auch wenn es ab und zu hart werden kann, enormen Spaß, ist gesund, und ein zufriedenstellendes Resultat in einem Rennen wird zum sinnstiftenden Erlebnis.

Es gibt praktisch überall auf der Welt interessante Rennen, die man perfekt mit einer Reise oder einem ganzen Urlaub verbinden kann. Ein Lauf in einer anderen Stadt oder einem fremden Land zeigt dir viel mehr als das, was der normale Tourist sieht.

Um es noch einmal zu sagen: Ob du Rennen laufen möchtest, liegt an dir und daran, ob du es erfolgreich ausprobierst. Sei mutig und zuversichtlich, hab einfach Lust, etwas Neues zu entdecken.

Aber: Fang mit dem an, was du dir jetzt erlaufen und was du jetzt erfahren hast. Lass das Thema wachsen. Du hast den Grundstein und das solide Fundament gelegt – bau darauf auf.

Der Anfang ist gemacht! Wie geht's nun weiter?

Das erste Rennen

Du willst ein Rennen laufen? Du möchtest deine gute Form in einem Volkslauf beweisen? Gratulation, eine tolle Entscheidung. Wir zeigen dir, wie du das richtig gut hinkriegst. Zunächst haben wir dir Informationen zusammengestellt, die für das Training und deine Vorbereitung wichtig sind.

Als deine Coaches wünschen wir uns, dass du bei allem Spaß, den das Training machen soll, die Sache auch ernst nimmst, dass du dranbleibst. Versuch in jedem Fall, die Trainingszeiten als sinnvolle Investition in deine Gesundheit, als sinnstiftendes Stück Leben und vielleicht auch als »Gegenwelt« zu deinem Berufsleben zu verstehen.

Dein Training soll in allererster Linie dazu dienen, deinen Körper gesund zu halten und ein physisches wie psychisches Gegengewicht zu deinem Arbeitsalltag zu schaffen. Wenn du zudem ein schönes und befriedigendes Resultat in deinem ersten Rennen erlangst, dann haben wir unser Ziel vollkommen erreicht. Betrachte die Rennteilnahme quasi als »Abfallprodukt« des Trainings und als motivierendes Ziel. Selten ist der Satz »Der Weg ist das Ziel!« so richtig wie in diesem Zusammenhang.

Denk immer daran: Bleib dran, konzentrier dich auf dein Training und zieh es konsequent durch. Und vergiss nicht: Das Laufen eines Rennens ist etwas ganz Besonderes, und das Finishen und der Erfolg gerade deines ersten Rennens werden dich ein Leben lang begleiten.

Wenn du »unterwegs« krank werden solltest oder dir eine Verletzung zuziehst, dann verschiebe den Start auf ein anderes Rennen. Du hast nur eine Gesundheit, aber es gibt viele Rennen.

Wie finde ich einen schönen Volkslauf?

In Deutschland, Österreich und der Schweiz gibt es eine lebendige und sehr vielfältige Laufszene. Hier findet jeder Läufer vom Debütanten über die 5-km-Distanz bis zum ambitionierten Marathonläufer das passende Rennen. Sicher gibt es auch in deiner Nähe kleine, oft sehr familiäre, aber dennoch professionell organisierte Volksläufe. Über das Internet oder Sportvereine kannst du dich »einarbeiten« und das Richtige für dich finden.

Wenn du mithilfe unserer Pläne die 30 Minuten Laufen am Stück beherrscht, dann bist du für einen 5-km-Lauf gut vorbereitet. Wenn du 60 Minuten beherrschst (… und nicht die 10 km dich!) kannst du dich ebenso an einen 5-km-Lauf oder aber auch an einen 10-km-Lauf wagen. Darauf bist du gut vorbereitet. Die Pläne versetzen dich mithilfe des moderaten Tempotrainings, des Trainings der Grundlagenausdauer und ihrer Dynamik in die Lage, die gewählte Distanz »anständig« zu laufen. Eine bestimmte Zielzeit solltest du dir nicht vornehmen. Im deinem ersten Rennen läufst du ohnehin deine persönliche Bestzeit.

Melde dich schnell an, sobald du deinen Wunschlauf gefunden hast. Damit setzt du dir ein konkretes Ziel, das dich bei der Stange hält. Zu praktisch allen Rennen kannst du dich online über die Website des Rennens anmelden.

Wenn das Rennen in deiner Nähe stattfindet, kannst du mit dem Rad oder sogar als Trainingslauf Teile der Strecke erkunden und dich mit dem Kurs vertraut machen.

Die Wettkampfvorbereitung

Wirklich wichtig ist, konsequent dranzubleiben. Nur dann ist dir dein Erfolg sicher. Wenn es dir notwendig erscheint, kannst du in deinem Trainingsplan »Regie führen« und die Tage schieben. Achte aber bitte genau darauf, zwischen zwei Lauftagen einen Ruhetag einzulegen und niemals die Reihenfolge zu tauschen. Jede Einheit macht nur in ihrer Umgebung Sinn. So schaffst du durch den Wechsel zwischen Be- und Entlastung einen guten Trainingsfortschritt.

Die von uns in den Trainingsplänen dargestellten Kilometerangaben sind aufgrund unserer langjährigen Erfahrung geschätzte Mittelwerte. Wenn sie also im Vergleich zu den von dir tatsächlich gelaufenen Distanzen, sofern du sie überhaupt misst, differieren, liegt dies in der Natur der Sache.

Führ bitte gewissenhaft dein Laufprotokoll. So dokumentierst du deine Fortschritte. Das ist sehr motivierend. Und wenn wirklich einmal ein Zipperlein auftaucht, kannst du es zurückverfolgen und beseitigen.

Wenn du dein Ziel, nämlich die Rennteilnahme, vor Augen hast und auch angemeldet bist, dann glaubst du vielleicht, mehr machen zu müssen, als der Plan vorgibt. Vielleicht erscheinen dir Ruhetage als »rausgeschmissene« Zeit und vermitteln dir das Gefühl, zu wenig zu tun. Lass dich dann bitte niemals hinreißen, mehr zu laufen, als der Plan vorgibt. Der Plan ist ausreichend und beinhaltet alle Elemente eines seriösen Trainings, somit auch die Möglichkeit zu regenerieren. Der Leistungszuwachs und die Anpassung finden nicht im Training, sondern an den Ruhetagen statt.

Falls du in einer Gruppe trainierst, bleib bitte immer und ausnahmslos bei deinem Trainings-

Warum Pausen so wichtig sind!

Die Regeneration nach der Belastung ist substanzieller Teil des Trainings und sinnvoll investierte Zeit. Unterschätz das nicht. Durch die Erholung werden die psychophysischen Systeme wieder auf Anfang gestellt. Daher hat die Pause bzw. die Entlastung denselben Stellenwert wie die Belastung.
Du kannst dich aktiv erholen: Mach einen Spaziergang, fahr leicht Fahrrad oder geh eine Runde schwimmen. Du kannst dich passiv erholen: Schalte ab, lies ein Buch, geh ins Kino oder genieße einfach eine gutes Gespräch. Ein renommierter Coach hat einmal gesagt: Pause ist Training!

programm. In den Tempoeinheiten kannst du dich ruhig auch einmal von schnelleren Läuferinnen oder Läufern ziehen lassen. Den »ruhigen Dauerlauf« hingegen solltest du tatsächlich nach deinem persönlichen Gefühl laufen. Wenn andere Läuferinnen oder Läufer mit dem gleichen Gefühl schneller oder langsamer sind, so liegt das in der Natur der Sache und hat nichts, aber auch gar nichts mit dir zu tun. Jeder gibt sich die gleiche Mühe.

Natürlich ist ein Lauftraining nicht immer ein »Kindergeburtstag«, es ist nicht immer »Sonntag«. Manchmal ist es hart. Aber genau an diesen Herausforderungen wächst du. Genau diese Trainingseinheiten werden dir in positiver, vielleicht sogar legendärer Erinnerung bleiben und dich beflügeln.

Wie immer du unser Training auch empfindest, es liegt in einem Bereich, in dem du gefordert, aber niemals überfordert bist. Im Vordergrund stehen immer der Gesundheitsaspekt und eine Verbesserung deiner Kondition: Ausdauer, Kraft, Beweglichkeit.

Um das Training im Sinne deiner Gesundheit, aber natürlich auch im Sinne eines schönen Ergebnisses bei deinem Renndebüt angemessen zu gestalten, solltest du unsere Übungsprogramme wie Mobilisation, Lauf-Abc, Dehnen und Rumpfkräftigung machen.

Gemeinsam trainiert es sich leichter!

Wenn du einmal aus welchen Gründen auch immer eine Trainingseinheit ausfallen lassen musst, so hol sie direkt nach. Wenn das nicht geht, dann hab kein schlechtes Gewissen oder trauere der Trainingseinheit nicht nach, sondern konzentriere dich voll und ganz auf die nächste Einheit. Allerdings sollten im Idealfall keine Trainingseinheiten ausgelassen werden.

Vielleicht hast du einen Partner, der dich gerne ab und zu beim Laufen begleitet. Dann bist du in jedem Fall der Pacemaker. Du kannst dich auch auf dem Fahrrad begleiten lassen. Dein persönlicher »Wasserträger« kann für dich z. B. Regenbekleidung und eine Getränkeflasche transportieren. Du musst übrigens im Training nicht immer Runden laufen, die bei dir zu Hause beginnen und enden. Fahr einfach mal mit dem Bus oder der S-Bahn ein Stück und lauf dann zurück. Sofern die Rahmenbedingungen wie z. B. das Wetter es erlauben, schafft dir eine solche Einheit perfekte Abwechslung.

Dein erster großer Renntag

Hier haben wir für dich viele nützliche Informationen zusammengestellt, die dir helfen werden, dein erstes Rennen mit Genuss und Spaß zu absolvieren.

Freu dich auf deinen großen Renntag. Etwas Nervosität kann überhaupt nicht schaden, zeigt sie doch, dass du engagiert bei der Sache bist.

Organisiere dir eine Begleitung. Ein Begleiter ist immer eine feine Sache. Er oder sie kann deine Sporttasche tragen, Fotos von dir machen, dich anfeuern, dir vielleicht unterwegs ein Getränk reichen, Zwischenzeiten zurufen und dich im Ziel empfangen.

Schau dir die Website des Rennens bitte gründlich und genau an. Unter z. B. »Teilnehmerinformation« oder »Ausschreibung« findest du alle für dich wichtigen Informationen. Auch eine Streckenbeschreibung wirst du hier finden.

Falls der Veranstalter es ermöglicht, solltest du deine Startunterlagen bereits am Vortag abholen. Viele größere Rennen machen das so. Bei kleineren Läufen hingegen kannst du deine Startunterlagen erst am Renntag direkt vor dem Rennen in Empfang nehmen. Sei in jedem Fall rechtzeitig vor Ort, damit du keine Zeit verlierst und nervös wirst, weil irgendetwas nicht klappt.

Die Startunterlagen enthalten neben der Werbung der Sponsoren als wichtigstes Utensil deine Startnummer. Dazu gibt es vier Sicherheitsnadeln, mit denen du die Nummer vorne auf deinem Shirt befestigst. Das zweite und ebenso wichtige Teil, das du in dem Beutel mit den Startunterlagen findest, ist in der Regel ein kleiner elektronischer Chip, der zur Messung deiner persönlichen Laufzeit dient.

Die Ernährung in der letzten Woche vor dem Rennen sollte ganz normal sein. Vielleicht legst du den Schwerpunkt auf Kohlenhydrate, also z. B. Nudeln, Reis, Kartoffeln oder Brot.

Nimm die letzte Kohlenhydrat-Mahlzeit am Tag vor dem Rennen zu dir. Das solltest du eher am späten Nachmittag tun, damit du sicherstellst, gut und ruhig zu schlafen.

Zeitmessung

Natürlich möchtest du als Debütant, wie alle anderen Läufer auch, gerne wissen, welche Zeit du genau in deinem Rennen gelaufen bist. Bei praktisch allen Rennen kommen dazu kleine, ganz leichte, batterielose elektronische Chips zum Einsatz, die in der Schnürung des Schuhs befestigt werden. Es gibt auch Systeme, bei denen der Chip auf die Rückseite der Startnummer aufgedruckt ist. In jedem Fall wird dich dieser Chip nicht stören. Mithilfe dieses Chips, mit dem du bei Start und Ziel durch elektromagnetische Felder in Form von Matten auf dem Boden läufst, wird deine ganz persönliche Zeit gemessen. Deine individuelle Laufzeit ist die sogenannte Netto-Zeit. Die Netto-Zeit ist die Zeit, die du benötigst, um von der Startlinie zur Ziellinie zu laufen. Im Gegensatz dazu ist die Brutto-Zeit die Zeit zwischen dem Startschuss und deinem persönlichen Überqueren der Ziellinie. Die Brutto-Zeit ist also immer um die Zeit länger, die du benötigst, um nach dem Startschuss überhaupt erst einmal zur Startlinie zu gelangen. Bei kleinen Rennen sind das vielleicht nur 20 oder 30 Sekunden, bei großen Stadtmarathons können das aber durchaus 30 Minuten sein. Mit deinem Chip bekommst du immer deine individuelle Laufzeit. Bei manchen Rennen, z. B. bei einem 10-km-Lauf, wird die Zwischenzeit bei km 5 gemessen. So kannst du feststellen, ob du gleichmäßig gelaufen bist.

Trinke am Tag vor dem Rennen ausreichend.

Mach am Vortag keinen ungewohnten Sport, mach keine ausgedehnten Spaziergänge etwa über eine Sportmesse, die es manchmal in Verbindung mit Rennen gibt. Wenn der Lauf in einer anderen Stadt ist, mach keine Fußmärsche, um die Stadt zu erkunden. – Am Vortag machst du nichts anderes als die Startunterlagen abzuholen und die Beine hochzulegen.

Verfolge den Wetterbericht für deinen Renntag, damit du genau informiert bist, welche Witterungsbedingungen auf dich zukommen. So kannst du dich richtig anziehen. Leg dir am Vorabend alles genau zurecht: deine Uhr, deine richtige Laufkleidung, deine Schuhe, an denen der Zeitmess-Chip (s. Kasten S. 25) befestigt ist. Falls es am Renntag kühl, regnerisch und windig sein sollte, zieh ein altes Sweatshirt und einen entsprechend präparierten Müllsack über deine Laufbekleidung. Beides wirfst du kurz vor dem Start weg. Wenn die Sonne runterbrennt, ist eine weiße Kappe aus Funktionsmaterial (keine Baseball-Baumwollkappe!) unerlässlich. Benutze eventuell auch Sonnencreme!

Steh am Renntag etwa drei Stunden vor Rennbeginn auf. Rechne die Zeit dazu, die du benötigst, um zum Startareal zu gelangen. Lauf vor deiner Haus- oder Hoteltür 10 Minuten auf und ab, damit du wach wirst, der Kreislauf in Schwung kommt und du die Wetterbedingungen des Tages spürst.

Frühstücke spätestens zwei Stunden vor dem Start ein bis zwei weiße Brötchen oder zwei bis vier Scheiben Toast mit etwas Butter und viel

Marmelade oder Honig. Das ist genau das, was man sonst nicht essen sollte. Heute ist es in Ordnung! Meide Milchprodukte jeder Art, also Müsli oder Jogurt. Zum Frühstück kannst du Kaffee oder Tee trinken, ganz wie du möchtest.

Nimm dir eine Wegwerf-Trinkflasche gefüllt mit einem halben Liter gutem stillem Mineralwasser mit zum Start. So kannst du zwischen dem Ende des Frühstücks und dem Start immer etwas trinken.

Nimm zum Start oder zu sonstigen Punkten des Rennens niemals ein Taxi. Diese sind an Renntagen nie da, wo man sie benötigt und können oft auch nicht in die Nähe des Startareals fahren. Denke generell daran, dass gerade bei Läufen, die in Städten stattfinden, oft ganze Viertel für den gesamten, auch öffentlichen Verkehr gesperrt sind.

Gestalte dir den gesamten Ablauf an deinem Renntag immer so, dass du einen Zeitpuffer hast. Nichts ist so nervig, wie vor dem Start in Zeitnot zu geraten.

Nimm dir einen Rucksack mit Ersatzbekleidung mit, damit du nach dem Rennen sofort deine verschwitzte oder nasse Laufkleidung ausziehen und dich trocken einkleiden kannst. Praktisch alle Veranstalter bieten eine bewachte Kleiderbeutelaufbewahrung an.

Schlechter, unruhiger Schlaf in der Nacht vor deinem Rennen spielt keine Rolle. Das gehört dazu. Die anderen Nächte in der Rennwoche hingegen solltest du ausreichend und gut schlafen.

Trag keine neuen, aber auch keine ausgelatschten Schuhe. Trag die Schuhe, in denen du dich wohlfühlst und an die du dich im Training gewöhnt hast.

Trag auch keine neuen oder frisch gewaschenen Socken. Beides kann zu Blasen an den Füßen führen, die dich im schlimmsten Fall zur vorzeitigen Aufgabe des Rennens zwingen. Auch nicht unwichtig: Schneide deine Fußnägel kurz.

Zeitablauf am Renntag

- 06:00 Uhr Aufstehen
- 06:10–06:20 Uhr locker traben
- 06:25 Uhr ein Glas (200 ml) stilles Mineralwasser oder stark verdünntes isotonisches Getränk
- 06:45 Uhr Frühstück: 1–2 Brötchen oder 2–4 Scheiben Toast dünn mit Butter und viel Marmelade oder Honig, dazu Kaffee, Tee oder Espresso
- Fahrt/Transfer zum Start
- 08:15 Uhr 1 Dose Energydrink
- 08:20 Uhr Aufwärmen: Mobilisation, Lauf-Abc, locker traben, nicht dehnen
- 08:45 Uhr Startaufstellung einnehmen
- 09:00 Uhr Start … und los geht's!

Zwischen dem Frühstück und dem Start kannst du aus einer Wegwerfflasche noch ca. 500 ml stilles Mineralwasser trinken.

Dieser Zeitablauf orientiert sich an der klassischen Startzeit von 09:00 Uhr.

Wenn du die Erfahrung gemacht hast, dass du dazu neigst, dir z. B. auf der Innenseite der Oberschenkel oder unter den Armen Scheuerstellen, auch »Wolf« genannt, zu laufen, dann creme diese Stellen vor dem Rennen vorsichtshalber mit Hirschtalg oder Vaseline ein.

Wenn dich auf dem Weg zum Start oder vor dem Start ein Bedürfnis nach wie auch immer gearteten Geschäften überkommt, dann suche bitte unbedingt die Toilette auf. Der Veranstalter stellt immer Möglichkeiten zur Verfügung. Es macht auch Sinn, sich nach dem Aufstehen und dem kurzen Lauf vor der Haus- oder Hoteltür in Ruhe auf die Toilette zurückzuziehen. Nichts ist schlimmer, als von diesen Bedürfnissen während eines Rennens gequält zu werden. Du hast ins Training investiert, lass es dir also nicht verderben und verlier nicht wertvolle Zeit. Nimm dir eventuell etwas Toilettenpapier mit zum Start. Falls während des Rennens »Winde« hinauswollen, tu dir bitte keinen Zwang an. Niemand nimmt das wahr, aber dich erleichtert es.

Dein erstes Rennen – neu, aufregend, spannend

Das Rennen

Stell dich in deinem ersten Rennen eher weiter hinten in die Startaufstellung. Dann hast du eine gewisse Gewähr, dass du nicht von hinten überrollt wirst und selbst niemandem in die Fersen trittst.

Starte deine Uhr erst mit dem Überlaufen der Startlinie. So hast du während des Rennens immer deine persönliche Netto-Zeit an Bord.

Lauf gerade und ruhig los. Lauf keinen Slalom um andere Läufer herum oder nicht Bordstein-kanten rauf und runter. Das kostet dich nur viel Kraft, die du später dringend brauchst. Meistens haben sich die Läuferknäuel schnell aufgelöst, sodass du dein Tempo laufen kannst.

Richte dir dein Tempo so ein, dass du deine Strecke gut und gleichmäßig durchlaufen kannst. Das dazu nötige Tempogefühl hast du in einem bewusst durchgezogenen Training erworben. Dennoch bedarf es etwas Renn-erfahrung, um sicherer zu werden. Nimm also dein Rennen wahr und erlebe dich selbst. Das ist ein spannender Prozess.

Versuch vom Start an, dein Tempo gleichmäßig zu laufen. Lauf nicht zu schnell los, auch wenn du glaubst, die Welt aus den Angeln heben zu können. Lass dich zwar von der tollen Stim-mung und deinem eigenen Hochgefühl tragen, schalte aber dennoch auch den Verstand ein, der dir sagt, dein Tempo zu laufen.

Häng dich nicht an andere Läufer an, von de-nen du meinst, sie könnten dich ziehen. Das funktioniert definitiv nicht. Mach dein Ding! Du bist vorbereitet, und du kannst das.

Ideale Rennbedingungen findest du im Frühjahr und im Herbst. Als ideal werden von der großen Mehrheit der Läufer Temperaturen von 10 bis 15 °C empfunden. Es sollte nicht regnen, und eine leichte Bewölkung nimmt die stechende Sonne. Dann kannst du in kurzer Hose und mit einem Laufshirt an den Start gehen. Trag keine langen Hosen und keine langen Ärmel.

Wenn du unterwegs wider Erwarten Schmerzen in der Muskulatur bekommst, bleib einen Mo-

Seitenstechen

Es gibt verschiedene Theorien, was Seiten-stiche und deren Ursachen sind. Uns scheint einleuchtend, dass Seitenstiche eine krampfartige Überbelastung des Zwerchfells sind, das Teil der Atemmusku-latur ist.

Wichtiger ist jedoch zu wissen, was man im Training oder im Rennen schnell da-gegen tun kann. Drück mit den ringförmig angeordneten Fingern einer Hand fest auf die schmerzende Stelle und atme gleich-zeitig deutlich aus. Nimm die Finger weg und atme ein, um dann mit Fingerdruck erneut kräftig auszuatmen. Bleib dazu eventuell einen Moment stehen. Diese Methode hilft erfahrungsgemäß in den meisten Fällen sofort. Übrigens: Je trainier-ter du bist, desto weniger leidest du unter Seitenstechen.

ment stehen und lockere und dehne die betroffenen Partien. Nimm Schmerzen nicht auf die leichte Schulter. Im Zweifelsfall gehst du zur nächsten Versorgungs- bzw. Behandlungsstation und lässt dich untersuchen. Der Veranstalter ist verpflichtet, einen medizinischen Service bereitzuhalten.

Nimm nichts mit auf die Strecke, wie z.B. einen Getränkegurt oder dein Mobiltelefon. Es lenkt dich nur ab. Sei für die Dauer des Laufes einmal für dich ohne all die sogenannten zivili-

Unsere 10 Renn-Gebote

- Am Tag vor dem Rennen Beine hochlegen!
- Am Renntag richtig frühstücken!
- Nicht zu warm anziehen!
- Stoppuhr erst mit Überlaufen der Startlinie starten!
- Niemals überpacen!
- Ein Rennen ist kein Sightseeing, sondern ein Rennen!
- Sag dir nicht: »Ich muss noch … km laufen«, sondern: »Ich habe schon sensationelle … km geschafft!«
- Wenn es gegen Ende hart werden sollte: kämpfen! Du hast verdammt viel drauf, und das weißt du!
- Konzentriere dich souverän und gelassen auf dich und deine Aufgabe. Du hast nichts zu verlieren, sondern du wirst immer gewinnen. Eine große Belohnung wartet auf dich!
- Genieße dein Rennen!

sierten Accessoires. Lass bitte vor allem den iPod weg. In einem Rennen saugst du die Atmosphäre auf: Zuschauer und Mitläufer, Moderatoren und laute Musik. Das bringt dich ordentlich in Stimmung und motiviert dich. Abgesehen davon sind die Zuschauer der Läufer wegen zu diesem Rennen gekommen. Deinetwegen also. Da wäre es nicht freundlich, sie durch Tragen von Ohrhörern quasi zu missachten.

Während eines 5-km- oder 10-km-Rennens ist die körperliche bzw. muskuläre Belastung so hoch, dass für die Verdauung kein Blut mehr zur Verfügung steht. Daher macht es keinen Sinn, während des Rennens zu trinken. Der Organismus fährt die Verdauung quasi auf null herunter. Bei sehr heißen Bedingungen kann es nutzen oder zumindest psychologisch wichtig sein, bei km 5 etwa 200 ml Wasser zu trinken. Zur Verdauung von isotonischen Getränken ist der Magen nicht in der Lage. Im Grunde dienen alle während eines 5-km- oder 10-km-Laufes eingenommenen Getränke eher der Regeneration *nach* dem Rennen, als dass sie *im* Rennen nutzen. An heißen Tagen kannst du dir mit einem Becher Wasser, den du dir über Kopf schüttest, eine angenehme Erfrischung und Abkühlung schaffen.

Falls du unterwegs deine Begleiter oder Freunde sehen möchtest, organisiere dafür fest und eindeutig verabredete Punkte an der Rennstrecke. Sonst werdet ihr euch verfehlen und du machst dich vollkommen unnötig nervös, wo sie wohl stecken. Oder verabredet euch nach dem Zieleinlauf an einem vorher klar festgelegten Ort im Zielbereich. Ein Rennen ist immer

DAS ERSTE RENNEN | 115

eine ganz spannende und aufregende Sache. Es wird dich auch emotional berühren. Versuch aber bitte, bei aller Euphorie insbesondere zu Beginn des Rennens, dein Tempo zu laufen. Lass die anderen machen, was sie wollen. Zieh dein Ding durch. Du bist gut vorbereitet, und du schaffst das.

Dann möchten wir als deine Trainer ganz klar zum Ausdruck bringen, dass es uns wichtig ist und dir ebenfalls wichtig sein sollte, in deinem Rennen dein Potenzial auszuschöpfen. Das soll nicht heißen, bis zum »Umfallen« zu rennen. Ein wenig Reserve solltest du immer haben, das gibt dem Lauf etwas Elegantes. Aber es heißt eben auch nicht, einen besseren Spaziergang zu machen.

Mobilisiere am Ende noch einmal all deine Kräfte für einen zügigen Lauf ins Ziel, ein Sprint sollte das gar nicht sein. Genieße deinen Zieleinlauf mit einem Lächeln. Bleib nicht stehen, mach den Zielraum frei. Lass dir deine erste Medaille umhängen und freu dich über ein gelungenes Debüt.

Aufs Dehnen solltest du nach dieser Belastung verzichten. Trabe stattdessen lieber noch einige Minuten ganz locker. Das wird dir guttun und unterstützt die Regeneration. Sofern notwendig, gib den Zeitmess-Chip zurück. Meist noch am gleichen Tag steht auf der Website des Laufes deine persönliche Urkunde zum Ausdruck bereit.
Und denk daran: Stolz sein!

Bleib dran, lass nicht locker und genieße das Erlebnis!

Trainingspläne

Trainingspläne für Untrainierte, Fitte und Ambitionierte

30, 45 oder 60 Minuten am Stück laufen lernen

Deine Trainingspläne!

Such dir aus unserem Programm den zu dir passenden Plan aus. Geh dabei eher zurückhaltend vor, du kannst wechseln.

Wie sich jede Trainingseinheit im Detail gestaltet, haben wir im Kapitel *Die Trainingseinheit* ab S. 26 detailliert dargestellt.

Das einzige »Werkzeug«, das du zum Umsetzen der Pläne brauchst, ist eine einfache Sportarmbanduhr. Sie sollte eine Stoppuhrfunktion, ein großes, gut lesbares und eventuell beleuchtbares Display haben und zumindest vor Spritzwasser geschützt sein. Du bist ja auch bei Regen oder Schneefall unterwegs.

Die **roten Ziffern** in den Trainingsplänen bezeichnen die Netto-Laufzeit bzw. die Gesamtdauer einer Einheit, damit du den jeweiligen Zeitaufwand absehen und planen kannst. Beispiel: 20/55. In dieser Einheit läufst du insgesamt 20 Minuten. Die Dauer der Einheit beträgt insgesamt 55 Minuten inklusive je 5 Minuten Eingehen/Einlaufen und Ausgehen/Auslaufen, 5 Minuten Mobilisieren, 5 Minuten Lauf-Abc, ggf. Gehpausen und 10 Minuten Dehnen. Im grauen Feld am Ende der Wochenzeile sind die Netto-Laufzeit und die Gesamtdauer für die ganze Woche dargestellt. Der angegebenen Wochen-Kilometerzahl liegt die Annahme zugrunde, dass du im Schnitt ein Tempo von 7:00 min/km läufst.

Die Tempobegriffe haben wir im Kapitel *Das Tempogefühl* ab S. 78 erklärt.

In den einzelnen Trainingseinheiten spielen nur die Dauer wie z.B. *10 min* und das Tempo wie z.B. *ruhiger Dauerlauf* eine Rolle, niemals die zurückgelegte Strecke.

GP heißt Gehpause. Bleib bitte niemals stehen, sondern gehe. Du kannst die Gehpause als solche genießen oder eine Kräftigungsübung einbauen. Achte bitte gewissenhaft auf die jeweils vorgegebene Länge der Gehpause.

Nimm dir direkt im Abschluss an die Laufeinheiten nichts vor. Bau dir immer einen kleinen »Zeit-Puffer« ein.

Du kannst ohne Weiteres in deinem Trainingsplan selbst Regie führen und je nach der Situation in deinem Job oder Privatleben Einheiten schieben. Tausche jedoch niemals Einheiten!

Im Idealfall liegt zwischen zwei Lauftagen ein Ruhetag. An den Ruhetagen kannst du spazieren gehen, leicht Rad fahren, leicht schwimmen oder leicht Inlineskaten.

Schau in deinem Trainingsplan nicht zu weit nach vorne, damit du dich nicht gleich überfordert fühlst. Arbeite dich von Einheit zu Einheit konsequent vor.

Führe konsequent ein **Trainingsprotokoll.** Ein Muster findest du weiter hinten im Buch. Weiter hinten findest du außerdem unsere **»Vereinbarung«.** Kopiere und unterzeichne sie und hänge sie sichtbar auf.

Passende Trainingspläne für unterschiedliche Ziele

Trainingspläne 1 und 2

Mit dem **Trainingsplan 1** liegst du richtig, wenn du jetzt mit dem Laufen beginnen möchtest, deine einzige sportliche Betätigung bisher aber der Gang zum Kühlschrank war. Leichtes Übergewicht oder ein bis dato unsportliches Leben sind gar kein Grund, hier nicht sofort zu starten. Er ist ein Einsteigerplan, mit dem du Struktur und Regelmäßigkeit, sprich Gewohnheit, in deinen Trainingsalltag bringst und der dir hilft, das klassische Ziel von **30 Minuten am Stück zu laufen,** zu realisieren.

Und wenn du diesen Plan erfolgreich abgeschlossen hast, dann mach nahtlos weiter mit dem **Trainingsplan 2.** Er ist ein Folgeplan, der dich nachhaltig zum neuen Ziel **60 Minuten laufen am Stück** führt.

Gelbe Einheiten sind eher leichtere Pflicht-Einheiten. **Grüne** Einheiten sind Options-Einheiten, die du machen solltest, die aber auch mal ausfallen können.

Trainingspläne 3 und 4

Wenn du bereits in irgendeiner Form sportlich tätig bist und z.B. ab und zu Rad fährst, schwimmst, Inlineskater bist oder wanderst, nun aber mit Struktur ins Laufen einsteigen möchtest, dann ist der **Trainingsplan 3** richtig für dich. Im Idealfall bist du normalgewichtig.

Dieser Plan ist ab der dritten Woche mit kleinen angemessenen Portionen *zügigen Dauerlaufs*

angereichert. Wenn du dein Ziel erreicht hast, schließ sofort den **Trainingsplan 4** an. Auch hier wird dir das zügige Laufen viel Spaß machen und eine willkommene Abwechslung schaffen.

Gelbe Einheiten sind eher leichtere Pflichteinheiten. **Blaue** Einheiten sind ebenso Pflicht, aber etwas fordernder.

Trainingsplan 5

Der Trainingsplan 5 ist ebenso ein Folgeplan für Plan 3. Er ist allerdings den Sportlichen vorbehalten, die zum einen den Trainingsplan 3 vollständig und problemlos umgesetzt haben und zum anderen echte Voraussetzungen aus anderen Sportarten wie z.B. Schwimmen, Radfahren oder Inlineskaten mitbringen. Dieser Trainingsplan ist anspruchsvoll und beinhaltet in Form der **blauen** Einheiten erste Ansätze eines Qualitäts-Tempotrainings.

STL heißt Steigerungslauf. Das hat nichts damit zu tun, eine Steigung hinaufzusausen. Es bezeichnet vielmehr einen kurzen Lauf im flachen, gut laufbaren Gelände über etwa 100 Meter, bei dem du das Tempo gleichmäßig vom ganz lockeren Trab bis knapp unter dein Sprinttempo hochziehst, eben steigerst. Falls es um mehrere STL geht, zwischen jedem STL etwa 100 Meter gehen oder locker traben.

Trainingsplan 6

Der Trainingsplan 6 ist ein spezieller Trainingsplan, der sich an alle die wendet, die einen besonders sanften, aber dennoch nachhaltigen Einstieg ins gesundheitsorientierte Laufen suchen.

Er hat zwei Einheiten pro Woche, die es konsequent durchzuziehen gilt. Insgesamt ist der Plan mit einem vergleichsweise geringen Zeitaufwand verbunden, läuft dafür aber über einen Zeitraum von **12 Wochen.** Er hat das Ziel, **45 Minuten am Stück** im persönlichen Tempo laufen zu können. Die Übungsprogramme sollen ebenso in Verbindung mit jeder Einheit gemacht werden. Er kommt ohne Tempoeinheiten aus.

Dieser Plan eignet sich daher für alle, die bisher noch nie etwas mit Sport und Bewegung zu tun hatten, die einen bewegungsarmen Bürojob

Die Atmung

Sicher hast du von Schrittregeln zur Atemkontrolle gehört: Alle drei Schritte ausatmen – so oder ähnlich lauten diese Regeln. Vergiss es!
Atme so, wie du es möchtest. Genau in dem Moment, in dem du beginnst, über diesen vollkommen natürlichen Prozess nachzudenken, wirst du dich auch schon in irgendeinem Rhythmus »verhaspeln«. Wenn dir wirklich einmal nach Luft oder Luftholen zumute ist, dann atme kräftig, lang, bewusst und vielleicht durch ein ordentliches Ausatmungsgeräusch unterstützt aus. Dieses deutliche Ausatmen hilft dir immer.
Du kannst, auch im Winter, durch Mund und Nase atmen. Regeln, wie z. B. durch die Nase ein- und den Mund ausatmen, machen keinen Sinn.

haben und die vielleicht keinen Bezug zum Sport haben, aber nun für sich die Notwendigkeit entdeckt haben, für Gesundheit und Lebensqualität ein deutliches Zeichen setzen zu wollen. Auch wenn du gerade mit dem Rauchen aufgehört hast, ist dieser Plan als Einstieg in ein gesünderes Leben perfekt. Ein leichtes Übergewicht steht der Umsetzung dieses Plans nicht entgegen. Wie bei allen Plänen empfehlen wir vor Antritt des Trainings eine sportärztliche Untersuchung.

Dein Trainingsprotokoll

Ein Tagebuch bzw. ein Laufprotokoll hilft dir, dein Training zu dokumentieren. So kannst du deine Leistungsverbesserung verfolgen, deine Erfolge noch einmal erleben und mögliche Probleme zurückverfolgen und so besser beheben. Und es ist immer motivierend, in diesem Protokoll ab und zu einfach mal zu schmökern. Weiter hinten (S. 134) findest du ein einfaches, aber sinnvolles Muster-Protokoll. Kopiere es dir heraus und lege einen kleinen Ordner an.

Jede Seite repräsentiert eine Woche. Fülle alles so weit wie möglich aus. Herzfrequenz-, Distanz- und Tempowerte sind interessant, für dich als Einsteiger aber nicht wirklich von entscheidender Bedeutung. Die unterste Zeile gibt dir die Möglichkeit, mithilfe des Smileys dein Gefühl zur betreffenden Trainingseinheit darzustellen.

In der Spalte ganz rechts kannst du die wichtigsten Fakten zu den Wochentagen für die jeweilige Woche aufsummieren und dich über deine Wochengesamtleistung freuen.

DEINE TRAININGSPLÄNE! | 121

Das Versprechen

Anschließend findest du auf S. 135 unser Versprechen. Du versicherst uns – und selbstverständlich auch dir selbst –, dich im Sinne dessen, was du gerne erreichen willst, zu engagieren. Unterschreib dieses Versprechen, trenne es heraus und häng es so auf, dass du es stets im Blick hast.

Es gibt keine Ausreden!

»Ich habe keine Zeit!«, ist sehr beliebt, weil:
… man es selbst glaubt.
… es einem leicht als »Wahrheit« über die Lippen geht.
… andere in der Regel nicht widersprechen.
… es ein schickes Argument westlicher Zivilisation ist.
Eigentlich sagt man damit: Ich will nicht! Laufen heißt auch immer, Verantwortung für sich selbst zu übernehmen. Übernimm Verantwortung für dich. Und durchforste deinen Terminkalender und deinen Tagesablauf nach Unnützem wie z. B. Fernsehen! »Das Wetter ist Mist«: Du weißt, es gibt nur falsche Kleidung. »Heute geht nicht, ich laufe morgen«: Fang bitte mit dieser »Verschieberitis« erst gar nicht an. »Ich muss jetzt erst mal was essen«: Iss jetzt eine Banane, damit kannst du immer eine Runde drehen. Wenn du vom Laufen zurückkommst, kannst du in Ruhe essen. »Ich habe heute schon den ganzen Tag im Haushalt geschuftet«: Du weißt selbst, das hat mit Training aber auch gar nichts zu tun.

Laufen im Urlaub hält fit und schafft Abwechslung.

TRAININGSPLAN 1
Dein Ziel: 30 min laufen im persönlichen Tempo am Stück

Woche	Montag	Dienstag *Pflicht-Einheit* Training 1	Mittwoch	Donnerstag *Pflicht-Einheit* Training 2
1 von 8	Ruhetag	5× 1 min 5/45 ruhiger Dauerlauf GP je 2 min	Ruhetag	8× 1 min 8/55 ruhiger Dauerlauf GP je 2 min
2 von 8	Ruhetag	6× 2 min 12/55 ruhiger Dauerlauf GP je 2 min	Ruhetag	6× 2 min 12/55 ruhiger Dauerlauf GP je 2 min
3 von 8	Ruhetag	5× 3 min 15/55 ruhiger Dauerlauf GP je 2 min	Ruhetag	5× 3 min 15/55 ruhiger Dauerlauf GP je 2 min
4 von 8	Ruhetag	5× 4 min 20/60 ruhiger Dauerlauf GP je 2 min	Ruhetag	5× 4 min 20/60 ruhiger Dauerlauf GP je 2 min
5 von 8	Ruhetag	2× 10 min 20/55 ruhiger Dauerlauf GP 2 min	Ruhetag	2× 10 min 20/55 ruhiger Dauerlauf GP 2 min
6 von 8	Ruhetag	2× 13 min 26/60 ruhiger Dauerlauf GP 2 min	Ruhetag	2× 13 min 26/60 ruhiger Dauerlauf GP 2 min
7 von 8	Ruhetag	2× 15 min 30/65 ruhiger Dauerlauf GP 2 min	Ruhetag	2× 15 min 30/65 ruhiger Dauerlauf GP 2 min
8 von 8	Ruhetag	2× 17 min 34/70 ruhiger Dauerlauf GP 2 min	Ruhetag	1× 30 min 30/60 ruhiger Dauerlauf **Dein Ziel!**

TRAININGSPLAN 1 | 123

Freitag	Samstag	Sonntag *Options-Einheit* (Training 3)	Zeit ca. km
Ruhetag	Ruhetag	5× 1 min 5/45 ruhiger Dauerlauf GP je 2 min	0:18 h/2:25 h ca. 2,5 km
Ruhetag	Ruhetag	6× 2 min 12/55 ruhiger Dauerlauf GP je 2 min	0:36 h/2:45 h ca. 5,1 km
Ruhetag	Ruhetag	5× 3 min 15/55 ruhiger Dauerlauf GP je 2 min	0:45 h/2:45 h ca. 5,1 km
Ruhetag	Ruhetag	5× 3 min 15/55 ruhiger Dauerlauf GP je 2 min	0:55/2:55 h ca. 7,8 km
Ruhetag	Ruhetag	5× 4 min 20/60 ruhiger Dauerlauf GP je 2 min	1:00 h/2:50 h ca. 8,5 km
Ruhetag	Ruhetag	5× 5 min 25/65 ruhiger Dauerlauf GP je 2 min	1:17 h/3:05 h ca. 11,0 km
Ruhetag	Ruhetag	3× 10 min 30/65 ruhiger Dauerlauf GP je 2 min	1:30 h/3:15 h ca. 12,8 km
Ruhetag	Ruhetag	Wow, ein freier Sonntag!	1:04 h/2:10 h ca. 9,1 km

TRAININGSPLAN 2
Ausgangsbasis: 30 min laufen im persönlichen Tempo am Stück –

Woche	Montag	Dienstag *Pflicht-Einheit* Training 1	Mittwoch	Donnerstag *Pflicht-Einheit* Training 2
1 von 8	Ruhetag	1× 30 min 30/60 ruhiger Dauerlauf	Ruhetag	2× 17 min 34/70 ruhiger Dauerlauf GP 2 min
2 von 8	Ruhetag	2× 20 min 40/75 ruhiger Dauerlauf GP 2 min	Ruhetag	2× 20 min 40/75 ruhiger Dauerlauf GP 2 min
3 von 8	Ruhetag	2× 20 min 40/75 ruhiger Dauerlauf GP 2 min	Ruhetag	2× 20 min 40/75 ruhiger Dauerlauf GP 2 min
4 von 8	Ruhetag	3x15 min 45/80 ruhiger Dauerlauf GP je 2 min	Ruhetag	3x15 min 45/80 ruhiger Dauerlauf GP je 2 min
5 von 8	Ruhetag	2× 25 min 50/85 ruhiger Dauerlauf GP 2 min	Ruhetag	2× 25 min 50/85 ruhiger Dauerlauf GP 2 min
6 von 8	Ruhetag	2× 27 min 54/90 ruhiger Dauerlauf GP 2 min	Ruhetag	2× 27 min 54/90 ruhiger Dauerlauf GP 2 min
7 von 8	Ruhetag	2× 30 min 60/95 ruhiger Dauerlauf GP 2 min	Ruhetag	2× 30 min 60/95 ruhiger Dauerlauf GP 2 min
8 von 8	Ruhetag	2× 35 min 70/105 ruhiger Dauerlauf GP 2 min	Ruhetag	1× 60 min 60/90 ruhiger Dauerlauf **Dein Ziel!**

Dein Ziel: 60 min laufen im persönlichen Tempo am Stück

Freitag	Samstag	Sonntag *Options-Einheit* (Training 3)	Zeit ca. km
Ruhetag	Ruhetag	2× 17 min 34/70 ruhiger Dauerlauf GP 2 min	1:38 h/3:20 h ca. 14,0 km
Ruhetag	Ruhetag	2× 20 min 40/75 ruhiger Dauerlauf GP 2 min	2:00 h/3:45 h ca. 17,1 km
Ruhetag	Ruhetag	2× 20 min 40/75 ruhiger Dauerlauf GP 2 min	2:00 h/3:45 h ca. 17,1 km
Ruhetag	Ruhetag	3x15 min 45/80 ruhiger Dauerlauf GP je 2 min	2:15 h/4:00 h ca. 19,2 km
Ruhetag	Ruhetag	2× 25 min 50/85 ruhiger Dauerlauf GP 2 min	2:30 h/4:15 h ca. 21,4 km
Ruhetag	Ruhetag	2× 27 min 54/90 ruhiger Dauerlauf GP 2 min	2:42 h/4:30 h ca. 23,4 km
Ruhetag	Ruhetag	2× 30 min 60/95 ruhiger Dauerlauf GP 2 min	3:00 h/4:45 h ca. 25,7 km
Ruhetag	Ruhetag	Wow, ein freies Wochenende!	2:10 h/3:15 h ca. 18,5 km

TRAININGSPLAN 3
Dein Ziel: 30 min laufen im persönlichen Tempo am Stück

Woche	Montag	Dienstag *Pflicht-Einheit* Training 1	Mittwoch	Donnerstag *Pflicht-Einheit* Training 2
1 von 8	Ruhetag	5× 1 min 5/45 ruhiger Dauerlauf GP je 2 min	Ruhetag	8× 1 min 8/55 ruhiger Dauerlauf GP je 2 min
2 von 8	Ruhetag	6× 2 min 12/55 ruhiger Dauerlauf GP je 2 min	Ruhetag	6× 2 min 12/55 ruhiger Dauerlauf GP je 2 min
3 von 8	Ruhetag	5× 3 min 15/55 ruhiger Dauerlauf GP je 2 min	Ruhetag	2× 3 min ruhiger Dauerlauf 15/55 1× 3 min zügiger Dauerlauf 2× 3 min ruhiger Dauerlauf GP je 2 min
4 von 8	Ruhetag	5× 4 min 20/60 ruhiger Dauerlauf GP je 2 min	Ruhetag	2× 5 min ruhiger Dauerlauf 23/65 1× 3 min zügiger Dauerlauf 2× 5 min ruhiger Dauerlauf GP je 2 min
5 von 8	Ruhetag	2× 10 min 20/55 ruhiger Dauerlauf GP 2 min	Ruhetag	1× 13 min ruhiger Dauerlauf 28/65 1× 2 min zügiger Dauerlauf 1× 13 min ruhiger Dauerlauf GP je 2 min
6 von 8	Ruhetag	2× 13 min 26/60 ruhiger Dauerlauf GP 2 min	Ruhetag	1× 13 min ruhiger Dauerlauf 30/70 2× 2 min zügiger Dauerlauf 1× 13 min ruhiger Dauerlauf GP je 2 min
7 von 8	Ruhetag	2× 15 min 30/65 ruhiger Dauerlauf GP 2 min	Ruhetag	1× 15 min ruhiger Dauerlauf 34/70 2× 2 min zügiger Dauerlauf 1× 15 min ruhiger Dauerlauf GP je 2 min
8 von 8	Ruhetag	2× 17 min 34/70 ruhiger Dauerlauf GP 2 min	Ruhetag	1× 30 min 30/60 ruhiger Dauerlauf **Dein Ziel!**

Freitag	Samstag	Sonntag *Pflicht-Einheit* Training 3	Zeiten ca. km
Ruhetag	Ruhetag	5× 1 min 5/45 ruhiger Dauerlauf GP je 2 min	0:18 h/2:25 h ca. 2,5 km
Ruhetag	Ruhetag	6× 2 min 12/55 ruhiger Dauerlauf GP je 2 min	0:36 h/2:45 h ca. 5,1 km
Ruhetag	Ruhetag	5× 3 min 15/55 ruhiger Dauerlauf GP je 2 min	0:45 h/2:45 h ca. 6,4 km
Ruhetag	Ruhetag	5× 3 min 15/55 ruhiger Dauerlauf GP je 2 min	0:58 h/3:00 h ca. 8,2 km
Ruhetag	Ruhetag	5× 4 min 20/60 ruhiger Dauerlauf GP je 2 min	1:08 h/3:00 h ca. 9,7 km
Ruhetag	Ruhetag	5× 5 min 25/65 ruhiger Dauerlauf GP je 2 min	1:21 h/3:15 h ca. 11,5 km
Ruhetag	Ruhetag	3× 10 min 30/65 ruhiger Dauerlauf GP je 2 min	1:34 h/3:20 h ca. 13,4 km
Ruhetag	Ruhetag	Wow, ein freier Sonntag!	1:04 h/2:10 h ca. 9,1 km

TRAININGSPLAN 4
Ausgangsbasis: 30 min laufen im persönlichen Tempo am Stück –

Woche	Montag	Dienstag *Pflicht-Einheit* Training 1	Mittwoch	Donnerstag *Pflicht-Einheit* Training 2
1 von 8	Ruhetag	1× 30 min 30/60 ruhiger Dauerlauf	Ruhetag	1× 17 min ruhiger Dauerlauf 38/75 2× 2 min zügiger Dauerlauf 1× 17 min ruhiger Dauerlauf GP je 2 min
2 von 8	Ruhetag	2× 20 min 40/75 ruhiger Dauerlauf GP 2 min	Ruhetag	1× 15 min ruhiger Dauerlauf 41/80 3× 2 min zügiger Dauerlauf 1× 20 min ruhiger Dauerlauf GP je 2 min
3 von 8	Ruhetag	2× 20 min 40/75 ruhiger Dauerlauf GP 2 min	Ruhetag	1× 15 min ruhiger Dauerlauf 41/80 3× 2 min zügiger Dauerlauf 1× 20 min ruhiger Dauerlauf GP je 2 min
4 von 8	Ruhetag	3× 15 min 45/80 ruhiger Dauerlauf GP je 2 min	Ruhetag	1× 20 min ruhiger Dauerlauf 46/85 2× 3 min zügiger Dauerlauf 1× 20 min ruhiger Dauerlauf GP je 2 min
5 von 8	Ruhetag	2× 25 min 50/85 ruhiger Dauerlauf GP 2 min	Ruhetag	1× 20 min ruhiger Dauerlauf 46/85 2× 3 min zügiger Dauerlauf 1× 20 min ruhiger Dauerlauf GP je 2 min
6 von 8	Ruhetag	2× 27 min 54/90 ruhiger Dauerlauf GP 2 min	Ruhetag	1× 25 min ruhiger Dauerlauf 55/90 1× 5 min zügiger Dauerlauf 1× 25 min ruhiger Dauerlauf GP je 2 min
7 von 8	Ruhetag	2× 30 min 60/95 ruhiger Dauerlauf GP 2 min	Ruhetag	1× 25 min ruhiger Dauerlauf 63/100 2× 4 min zügiger Dauerlauf 1× 30 min ruhiger Dauerlauf GP je 2 min
8 von 8	Ruhetag	2× 35 min 70/105 ruhiger Dauerlauf GP 2 min	Ruhetag	1× 60 min 60/80 ruhiger Dauerlauf **Dein Ziel!**

Dein Ziel: 60 min laufen im persönlichen Tempo am Stück

Freitag	Samstag	Sonntag *Pflicht-Einheit* Training 3	Zeiten ca. km
Ruhetag	Ruhetag	2× 17 min 34/70 ruhiger Dauerlauf GP 2 min	1:42 h/3:25 h ca. 14,5 km
Ruhetag	Ruhetag	2× 20 min 40/75 ruhiger Dauerlauf GP 2 min	2:01 h/3:50 h ca. 17,2 km
Ruhetag	Ruhetag	2× 20 min 40/75 ruhiger Dauerlauf GP 2 min	2:01 h/3:50 h ca. 17,2 km
Ruhetag	Ruhetag	3× 15 min 45/80 ruhiger Dauerlauf GP je 2 min	2:16 h/4:05 h ca. 19,4 km
Ruhetag	Ruhetag	2× 25 min 50/85 ruhiger Dauerlauf GP 2 min	2:26 h/4:15 h ca. 20,8 km
Ruhetag	Ruhetag	2× 27 min 54/90 ruhiger Dauerlauf GP 2 min	2:43 h/4:30 h ca. 23,2 km
Ruhetag	Ruhetag	2× 30 min 60/95 ruhiger Dauerlauf GP 2 min	3:03 h/4:50 h ca. 26,1 km
Ruhetag	Ruhetag	Wow, ein freier Sonntag!	2:10 h/3:15 h ca. 18,5 km

TRAININGSPLAN 5
Ausgangsbasis: 30 min laufen im persönlichen Tempo am Stück –

Woche	Montag	Dienstag *Pflicht-Einheit* Training 1	Mittwoch	Donnerstag *Pflicht-Einheit* Training 2
1 von 8	Ruhetag	1× 30 min 30/60 ruhiger Dauerlauf	Ruhetag	1× 17 min ruhiger Dauerlauf 42/75 4× 2 min zügiger Dauerlauf 1× 17 min ruhiger Dauerlauf GP je 2 min
2 von 8	Ruhetag	2× 20 min 40/75 ruhiger Dauerlauf GP 2 min	Ruhetag	5 min Einlaufen 34/75 2 min ruhiger Dauerlauf 2 min zügiger Dauerlauf Diesen Block 2 min ruhiger Dauerlauf 2× absolvieren! 2 min zügiger Dauerlauf GP 5 min 2 min ruhiger Dauerlauf 2 min zügiger Dauerlauf 5 min Auslaufen
3 von 8	Ruhetag	2× 20 min 40/75 ruhiger Dauerlauf GP 2 min	Ruhetag	1× 15 min ruhiger Dauerlauf 41/80 3× 2 min zügiger Dauerlauf 1× 20 min ruhiger Dauerlauf GP je 2 min
4 von 8	Ruhetag	3× 15 min 45/80 ruhiger Dauerlauf GP je 2 min	Ruhetag	1× 20 min ruhiger Dauerlauf 44/85 4 STL je 100 m 1× 20 min ruhiger Dauerlauf GP je 2 min
5 von 8	Ruhetag	2× 25 min 50/85 ruhiger Dauerlauf GP 2 min	Ruhetag	10 min Einlaufen 30/80 5× 100 m Steigung (5–10%) zügig GP je 100 m zurück 10 min Auslaufen
6 von 8	Ruhetag	2× 27 min 54/90 ruhiger Dauerlauf GP 2 min	Ruhetag	10 min Einlaufen 25/70 5× 200 m sehr zügig (knapp unter Sprint) GP je 200 m zurück 10 min Auslaufen
7 von 8	Ruhetag	2× 30 min 60/95 ruhiger Dauerlauf GP 2 min	Ruhetag	5 min Einlaufen 40/70 1× 30 min ruhiger Dauerlauf alle 5 min für 30 sec sehr zügig 5 min Auslaufen
8 von 8	Ruhetag	2× 35 min 70/105 ruhiger Dauerlauf GP 2 min	Ruhetag	1× 60 min 60/90 ruhiger Dauerlauf **Dein Ziel!**

Dein Ziel: 60 min laufen im persönlichen Tempo am Stück

Freitag	Samstag	Sonntag *Pflicht-Einheit* Training 3	Zeiten ca. km
Ruhetag	Ruhetag	2× 17 min 34/65 ruhiger Dauerlauf GP 2 min	1:46 h/3:20 h ca. 15,1 km
Ruhetag	Ruhetag	2× 20 min 40/75 ruhiger Dauerlauf GP 2 min	1:54 h/3:45 h ca. 16,2 km
Ruhetag	Ruhetag	2× 20 min 40/75 ruhiger Dauerlauf GP 2 min	2:01 h/3:50 h ca. 17,2 km
Ruhetag	Ruhetag	3× 15 min 45/80 ruhiger Dauerlauf GP je 2 min	2:14 h/4:05 h ca. 19,1 km
Ruhetag	Ruhetag	2× 25 min 50/85 ruhiger Dauerlauf GP 2 min	2:10 h/4:10 h ca. 18,5 km
Ruhetag	Ruhetag	2× 27 min 54/90 ruhiger Dauerlauf GP 2 min	2:13 h/4:10 h ca. 19,0 km
Ruhetag	Ruhetag	2× 30 min 60/95 ruhiger Dauerlauf GP 2 min	2:40 h/4:20 h ca. 22,8 km
Ruhetag	Ruhetag	Wow, ein freier Sonntag!	2:10 h/3:15 h ca. 18,5 km

TRAININGSPLAN 6
Dein Ziel: 45 min laufen im persönlichen Tempo am Stück

Woche	Montag	Dienstag *Pflicht-Einheit* Training 1	Mittwoch	Donnerstag *Pflicht-Einheit* Training 2
1 von 12	Ruhetag	5× 1 min 5/50 ruhiger Dauerlauf GP je 3 min	Ruhetag	5× 1 min 5/50 ruhiger Dauerlauf GP je 3 min
2 von 12	Ruhetag	8× 1 min 8/60 ruhiger Dauerlauf GP je 3 min	Ruhetag	8× 1 min 8/60 ruhiger Dauerlauf GP je 3 min
3 von 12	Ruhetag	10× 1 min 10/60 ruhiger Dauerlauf GP je 3 min	Ruhetag	10× 1 min 10/60 ruhiger Dauerlauf GP je 3 min
4 von 12	Ruhetag	6× 2 min 12/60 ruhiger Dauerlauf GP je 3 min	Ruhetag	6× 2 min 12/60 ruhiger Dauerlauf GP je 3 min
5 von 12	Ruhetag	5× 3 min 15/60 ruhiger Dauerlauf GP je 3 min	Ruhetag	5× 3 min 15/60 ruhiger Dauerlauf GP je 3 min
6 von 12	Ruhetag	5× 4 min 20/65 ruhiger Dauerlauf GP je 3 min	Ruhetag	5× 4 min 20/65 ruhiger Dauerlauf GP je 3 min
7 von 12	Ruhetag	2× 10 min 20/55 ruhiger Dauerlauf GP 3 min	Ruhetag	2× 10 min 20/55 ruhiger Dauerlauf GP 3 min
8 von 12	Ruhetag	2× 13 min 26/60 ruhiger Dauerlauf GP 3 min	Ruhetag	2× 13 min 26/60 ruhiger Dauerlauf GP 3 min
9 von 12	Ruhetag	2× 15 min 30/65 ruhiger Dauerlauf GP 3 min	Ruhetag	2× 15 min 30/65 ruhiger Dauerlauf GP 3 min
10 von 12	Ruhetag	4× 10 min 40/80 ruhiger Dauerlauf GP je 3 min	Ruhetag	1× 30 min 30/60 ruhiger Dauerlauf
11 von 12	Ruhetag	3× 15 min 45/85 ruhiger Dauerlauf GP je 3 min	Ruhetag	3× 15 min 45/85 ruhiger Dauerlauf GP je 3 min
12 von 12	Ruhetag	2× 25 min 50/85 ruhiger Dauerlauf GP 3 min	Ruhetag	1× 45 min 45/75 ruhiger Dauerlauf **Dein Ziel!**

TRAININGSPLAN 6

Freitag	Samstag	Sonntag	Zeiten ca. km
Ruhetag	Ruhetag	Ruhetag	0:10 h/1:40 h ca. 1,4 km
Ruhetag	Ruhetag	Ruhetag	0:16 h/2:00 h ca. 2,2 km
Ruhetag	Ruhetag	Ruhetag	0:20 h/2:00 h ca. 2,8 km
Ruhetag	Ruhetag	Ruhetag	0:24/2:00 h ca. 3,4 km
Ruhetag	Ruhetag	Ruhetag	0:30 h/2:00 h ca. 4,2 km
Ruhetag	Ruhetag	Ruhetag	0:40 h/2:10 h ca. 5,7 km
Ruhetag	Ruhetag	Ruhetag	0:40 h/1:50 h ca. 5,7 km
Ruhetag	Ruhetag	Ruhetag	0:52 h/2:00 h ca. 7,4 km
Ruhetag	Ruhetag	Ruhetag	1:00 h/2:10 h ca. 8,5 km
Ruhetag	Ruhetag	Ruhetag	1:10 h/2:20 h ca. 10,0 km
Ruhetag	Ruhetag	Ruhetag	1:30 h/2:50 h ca. 12,8 km
Ruhetag	Ruhetag	Ruhetag	1:35 h/2:40 h ca. 13,5 km

MEIN WOCHENPROTOKOLL LAUFEN & SPORT

Tag	Montag	Dienstag	Mittwoch	Donnerstag	Freitag	Samstag	Sonntag	GESAMT-WOCHE
Datum								Woche Nr.
Uhrzeit								
Sportart								
Anzahl der Einheiten								
Netto-Laufzeit								
Gesamtdauer der Einheit								
Programm								
Kommentar								
Wetter								
Herzfrequenz								
Distanz								
Tempo								
Gefühl	:) :| :(	:) :| :(	:) :| :(	:) :| :(	:) :| :(	:) :| :(	:) :| :(	:) :| :(

KOPIERVORLAGE VERSPRECHEN | 135

Ich laufe!
Dein Laufprojekt-Versprechen

Liebe Läuferin!
Lieber Läufer!

Du läufst! Sei bereit für einen neuen Abschnitt deines Lebens.
Er kann dich weiterbringen, als du glaubst. Unser Vertrauen in
dich ist groß. Zeig uns und dir, dass du dazu stehst. Wir haben
alles gegeben. Jetzt bist du an der Reihe.

Wir wünschen dir viel Spaß im Training!

Ja, ich laufe! Deine Unterschrift

Deine Trainer: Peter M. Gottwald & Lars Kreiselmeier

Ort / Datum

Ausgleichssportarten

Kann ich vielleicht auch mal was anderes machen als Laufen?!

Aber klar! Natürlich!

Ein Ausgleich zum Laufen

Wir möchten gern, dass du das Laufen als deine Hauptsportart verstehst. Laufen kann man immer und überall, und der Zeitaufwand im Vergleich zum Effekt ist in allen anderen Sportarten deutlich geringer. Dennoch gibt es gute Gründe, sich mit anderen Sportarten zu befassen. Das sind Ausgleichs- und Ergänzungssportarten. Der wichtigste Grund ist aus unserer Sicht die Abwechslung. Abwechslung sollte elementarer Bestandteil jedes sportlichen Lebens sein und tut immer gut. So viel Spaß das Laufen dir machen wird, nimm dir Zeit, ab und zu auch einmal einem anderen Sport nachzugehen. Das hält dich motiviert und lässt dich jede neue Laufeinheit mit neuem Schwung erleben.

Mit anderen Sportarten beschäftigst du zudem auch andere Muskelgruppen. So schützt du dich nachhaltig vor Problemen durch einseitiges Training und Überlastung. Deine läuferischen Fähigkeiten profitieren von anderen Sportarten, ebenso wie du mit dem Laufen und unserem Kräftigungsprogramm die solide Basis für andere Sportarten legst. Das ist eine wichtige Wechselwirkung. Du schulst zusätzlich zu den Übungen, die wir dir schon gezeigt haben, deine koordinativen Fähigkeiten für andere Sportarten.

Du bist vollkommen unabhängig, wann du diese Sportarten betreibst. Bau sie dir ganz nach Lust und Laune in dein Laufprogramm ein. Du sollst in all den möglichen Ausgleichssportarten kein Meister werden und nicht alles perfekt können. Der Spaß und die Lust an Be-

wegung stehen im Vordergrund. Und du sollst dich vom Laufen erholen und aktiv regenerieren. Nicht mehr und nicht weniger ist der Sinn.

Welche dieser Sportarten dir liegt, das musst du selbst herausfinden. Natürlich kannst und sollst du dich aufs Fahrrad setzen, wenn du ein begeisterter Radfahrer bist. Auf der anderen Seite jedoch kann es auch ein großer Reiz sein, einmal eine neue Sportart auszuprobieren.

Radfahren

Der große Vorteil des Radfahrens liegt darin, dass du es kannst. Du kannst für dich oder in einer Gruppe trainieren, was richtig Spaß machen kann. Du bist im Gegensatz zum Schwimmen nicht an eine Sportstätte gebunden. Radfahren verbindet dich mit der Natur. Radfahren ist umweltfreundlich. Etwas anspruchsvoller kann Radfahren werden, wenn du mit dem Mountainbike off-road unterwegs sein möchtest. Damit kannst du wiederum deine koordinativen Fähigkeiten verbessern.

Beim Radfahren trainierst du die Gesäß-, Oberschenkel- und Wadenmuskulatur. Die Rumpfmuskulatur bleibt weitestgehend unbeteiligt. Radfahren hat darüber hinaus den großen Vorteil – gerade als Zusatzsport für Laufeinsteiger – den Bewegungsapparat wenig zu belasten. Somit bist du, falls du leicht übergewichtig bist, in der Lage, gezielt Gewicht abzubauen und gleichzeitig deine Grundlagenausdauer zu verbessern. Nutz daher, wann immer es geht, das Fahrrad als Transportmittel zur Arbeit. Damit erschließt du dir eine ebenso einfache wie effektive Möglichkeit, zusätzlich zum Laufen Energie zu verbrauchen. Du wirst staunen, auf welchen Wert sich der damit verbundene Kalorienverbrauch pro Woche summiert. Das Radfahren im niedrigen Belastungsbereich stellt für Läufer ein klassisches Mittel der aktiven Erholung dar und unterstützt die Regeneration.

Schwimmen

Schwimmen ist eine techniklastige Sportart. Um wirklich Spaß am Schwimmen zu haben und in den Genuss der Benefits zu kommen, kannst du unter Anleitung in einer offenen Gruppe, einem Schwimmverein oder zumindest für einige Einheiten mit einem guten Schwimmtrainer die Grundtechniken erlernen.

Wenn du das Schwimmen beherrscht, kannst du alle Muskelgruppen deines Körpers trainieren. Im Gegensatz zum Laufen hast du niemals eine hohe Stoßbelastung, sondern bewegst dich quasi sanft gleitend gegen den Widerstand des Wassers. Schwimmen schont den Bewegungsapparat und bietet sich daher im Rahmen des Lauftrainings für leicht übergewichtige Menschen als Zusatzsport zur Gewichtsreduktion an. Schwimmen dient für uns Läufer vor allem der Regeneration. Schwimmen eignet sich ebenso hervorragend zur aktiven Erholung nach anspruchsvollen Laufeinheiten, da es einen massierenden Effekt auf die Muskulatur hat. Du kannst also jederzeit an den Tagen schwimmen, die dein Trainingsplan als Ruhetag darstellt.

Inlineskating

Allein oder in einer Gruppe – als Inlineskater bist du schnell unterwegs. Das macht den besonderen Reiz aus. Aber es erhöht auch das Sturzrisiko. Deshalb lerne das Inlineskaten, beherrsche das kontrollierte Bremsen und trage immer eine Schutzausrüstung. Erst wenn du sicher bist, kannst du das Inlineskaten als echtes Training aufnehmen und für dich als Zusatztraining gewinnbringend einsetzen.

Die Stoßbelastung ist beim Inlineskaten gering. Du trainierst die Muskulatur der Beine, insbesondere die Abduktoren und das Gesäß, sowie den Becken- und Rumpfbereich. Gerade die Becken- und Rumpfmuskulatur wird beim Laufen wenig trainiert. Durch die Gleitphase auf einem Bein verbesserst du deutlich und in hohem Maße deine koordinativen Fähigkeiten. Gleichzeitig unterstützt du durchs Inlineskaten aktiv den Aufbau deiner Grundlagenausdauer.

Wir empfehlen dir, sofern du Lust dazu hast, das Inlineskaten nicht als Ersatz-, sondern als Zusatzsport in dein Gesamtprogramm zu integrieren. Du kannst Laufeinheiten nicht sinnvoll durch Inlineskaten ersetzen. Laufen lernt man durch Laufen. Das klingt banal. Es ist aber so. Wenn du dir unsere Trainingspläne so weit erlaufen hast, dass du 30 Minuten am Stück in deinem Tempo ohne Probleme durchlaufen kannst, dann kannst du zusätzlich zum eigentlichen Laufprogramm nach Belieben an lauftrainingsfreien Tagen Inlineskaten. Betrachte es aber als sogenannte aktive Erholung und bleib in einem moderaten Belastungsbereich. Lass es also gemütlich rollen.

Skilanglauf

Vorteil des Skilanglaufs: Bis auf die Schuhe kannst du die Laufbekleidung voll nutzen, die du auch im Winter zum Laufen trägst. Allerdings solltest du das Skilanglaufen lernen, damit es dir nutzt. Besuch dazu einen Kurs oder nimm dir für wenige Stunden einen Trainer. Sofern du Inlineskaten kannst, wirst du mit dem Skating-Stil beim Skilanglauf keine Probleme haben. Noch ein Vorteil: Der gesamte Körper wird trainiert. Ausdauer, Kraft, Koordination. Skilanglaufen ist anspruchsvoll und fordert dich – das ist genau der Sinn der Übung, darin liegt der Reiz und das macht es einfach schön.

Der Nachteil liegt sicher darin, dass die Schneebedingungen gegeben sein müssen, du also in einer wintersportkompatiblen Gegend lebst oder z. B. am Wochenende oder in den Winterferien dorthin fahren kannst.

Durch den Ganzkörpertrainingseffekt stellt das Skilanglaufen eine perfekte Ergänzung zum Laufen dar. Aus unserer Sicht ist es die einzige Sportart, mit deren Hilfe du Laufeinheiten nahezu vollwertig ersetzen kannst.

Yoga

Jetzt kommen die Jungs mit etwas Esoterischem. Muss das sein? Nein, keine Sorge, es liegt uns fern, dir mit einer Geheimlehre Yoga als Ausgleichsport näherzubringen. Im Gegenteil: So schwer sich zunächst ein Zusammenhang zwischen Laufen und Yoga erschließt, so deutlich werden die Zusammenhänge, wenn

du dich näher damit befasst. Yoga hat sich als Ergänzung und Ausgleich gerade zum Laufen fest etabliert.

Uns geht es darum, mit Yoga deine athletischen Voraussetzungen fürs Laufen zu verbessern. Hier geht es um Übungen, die v. a. den unteren Rücken, den Bauchbereich sowie die Stabilität im Kniebereich nachhaltig stärken. Leg zusätzlich Wert darauf, Übungen zur Verbesserung der gesamten Flexibilität zu machen. Mit Yoga kannst du zudem deine Konzentrations- und Entspannungsfähigkeit verbessern, und du hilfst dem Organismus zu regenerieren. Wir wissen aus langer Erfahrung, dass bei vielen Läufern die Kräftigung und das Dehnen deutlich zu kurz kommen. Schließ dich einer Yoga-Gruppe oder einem Kurs an. So schaffst du einen sanften, positiven Druck, diese Übungen zu machen. Leg bei der Auswahl deines Trainings großen Wert auf die Erfahrung deines Lehrers und finde heraus, ob er Affinität zum Laufen oder idealerweise sogar eigene Lauferfahrung hat. Übrigens: Selbst die deutsche Fußballnationalmannschaft hat einen eigenen Yoga-Lehrer. Es muss also etwas dran sein …

Teamsport und Ballsport

Wenn wir an einen klassischen Teamsport denken, denken wir natürlich zunächst als Erstes an Fußball. Dann fallen uns sicher noch Basketball und Volleyball ein. Eines haben alle diese Sportarten gemeinsam: Durch kurze, schnelle Antritte, durch Stoppbewegungen und Seitwärtsbewegungen kräftigen sie genau die Muskulatur, die dich auch beim Laufen stabilisiert. Hier liegt allerdings auch das Problem: Wenn du mit wenig trainierter Muskulatur z. B. Fußball spielst, steigt das Verletzungsrisiko. Wir raten dir daher dringend, dich zunächst gründlich mit unseren Trainingsprogrammen wie dem Lauf-Abc zu befassen. Wenn du leicht übergewichtig bist oder mit orthopädischen Vorschäden zu tun hast, unterschätze die teilweise hohen Belastungen nicht. Weiterhin solltest du Fußball nicht leistungsorientiert oder besonders ehrgeizig sehen, sondern dich einer Hobby- und Freizeitgruppe anschließen. Sportvereine, die dich als Mitspieler willkommen heißen, findest du vorzugsweise über das Internet. Vielleicht hat deine Firma eine Betriebssportgruppe. Wenn nicht, gründe eine!

Als Teamsportler bist du abhängig davon, wann deine Sportfreunde Zeit haben und wo dein Trainingsgelände liegt. Diese beiden Faktoren schränken deine Unabhängigkeit, die dir ja gerade das Laufen nahezu prototypisch bietet, erheblich ein. Allerdings bietet dir der Teamsport auch etwas, was das Laufen als Individualsport dir nicht bietet: Gemeinsam mit deiner Mannschaft kannst du dich über einen misslungenen Spielzug ärgern, aber über einen gelungenen ebenso freuen. Und genau dieses Gemeinsame macht die Faszination jeden Teamsports aus.

Zu guter Letzt: Laufen ist für dich das Wichtigste. Aber die Abwechslung spielt, wie wir das immer wieder betonen, eine wesentliche, wenn nicht die wesentlichste Rolle im Sport. Vielleicht haben wir dir mit unserem kleinen Exkurs zu den Ausgleichssportarten Ideen gegeben, deinen persönlichen Weg in ein gesundes und bewegtes Leben zu gehen.

Finde deine persönliche Balance.

Stichwortverzeichnis

Abduktoren 46
Abnehmen 94, 96
Abrollverhalten 70
Abwechslung 40
Accessoires 24
Adduktoren 46, 58
Alkohol 100
Alltag 98
Anfersen 38
Apfelpflücken 58
Arme 54
Armführung 75
Asphalt 12
Asthma 88
Atmung 29, 42, 120
Ausgleichssport 137
Ausreden 121

Ballsport 140
Bänder 29
Barfuß 104
Bauchmuskulatur 62
Beinmuskulatur 46
Bekleidung 20
Beleuchtung 24
Blut 29
Brille 24
Brust 54, 55
Brustmuskel 50

Cholesterin 96

Dehnen 28, 51
Diät 94
Dribblings 38

Einbeinkniebeuge 45
Einbeinstand 44
Einlagen 17
Energiebilanz, negative 95
Entschleunigung 83
Ernährung 93

Fersenlauf 72
Fettstoffwechsel 29, 99
Flüssigkeitsmenge 99
Fußtypen 12

Gelenke 29
Gesäß 56, 57
  -muskulatur 46
Gesundheitscheck 15

Grundumsatz 98
Gruppe 49

Handschuhe 24
Herzfrequenz 81, 96
Herz-Kreislauf 29
Hitze 86
Hohlfuß 13
Hopserlauf 37
Hose 21
Hüftbeuger 52
Hypernatriämie 100

Immunsystem 29, 91
Inlineskating 139
Innerer Schweinehund 67
iPod 21

Jacke 22
Jo-Jo-Effekt 94

Käfer 64
Kalorien 94
Kälte 88
Kaufberatung 17
Kleidungswahl 89
Kniehebelauf 38
Knochen 29
Komfortzone 38, 82
Kopfhaltung 75
Körperhaltung 75, 76, 77
  –, Arme 76
  –, Beine 77
  –, Hüfte 76
  –, Kopf 76
  –, Oberkörper 76
Kräftigung 42
Kreuzkoordination 75

Laktatstufentest 81
Lauf-Abc 28, 37
Laufband 24
Laufgelände 17
Laufkleidung 110
Laufmütze 23
Laufschuharten 14
  –, Barfußschuhe 14
  –, Cushion 14
  –, Light 14
  –, Spikes 14
  –, Stabil 14

  –, Trail 14
  –, Wettkampf 14
Laufshirt 22
Laufstil 70
Lauf-Tight 21
Liegestütz 48, 49
Lob 86
Lunge 29

Marathon 104, 105
Maximalpuls 81
Mittelfußlauf 73
Mobilisieren 28, 30
Muskulatur 29, 43, 46, 50, 52, 56, 58, 62, 63, 64

Nachbrenneffekt 97
Negative Energiebilanz 95
Nervensystem 29
Normalfuß 12

Oberkörperrotation 75
Oberschenkelmuskulatur 52, 58
Open-Window-Effekt 91

Pausen 107
Plattfuß 13
Puls 80

Radfahren 138
Regeneration 115
Renn-Gebote 114
Renntag 109
Rücken 54
  -muskulatur 63, 64
Rückfußlauf 72
Rückwärtslauf 40
Rumpfkräftigung 62
Rumpfmuskulatur 56
Russian Twist 64

Schienbeinmuskel 43, 52
Schrittlänge 71
Schuhe 12
  –, Abrieb 18
  –, Dämpfung 18
  –, Größe 14
  –, Haltbarkeit 18

  –, Obermaterial 15
  –, Schnürung 19
  –, Verschleiß 18
  –, Zwischensohle 15
Schuhkauf 18
Schulter 54
Schwimmen 139
Schwitzen 99
Seitenstechen 113
Seitstütz 66
Seitwärtslauf 41
Senk-Spreizfuß 13
Shirt 22
Skilanglauf 140
Skipping 38
Socken 20
Sport-BH 22
Start 110
Stoffwechsel 29
Stoßbelastung 74
Stress 29

Teamsport 140
Tempo 80
  -gefühl 24, 79, 82
Trailrunning 13, 90
Trainingseinheit 28
Trainingspläne 117
Trainingsprotokoll 121
Trainingszeit 20
Trinken 87, 90, 97, 99
Trinkgürtel 24
Trinkmenge 87

Unterarmstütz 66
Unterwäsche 22

Volkslauf 106
Vorfußlauf 74

Wade 42, 51
Wettkampf 103
Wettkampfvorbereitung 107
Windstopper 21

Yoga 140

Zeitmessung 110
Zwiebelprinzip 89

Über die Autoren

Peter M. Gottwald, Jahrgang 1953, arbeitet seit 1998 als Lauftrainer. Er hat 1978 mit dem Laufen begonnen und seit 1996 mehr als 30 Marathonläufe und zahllose weitere Rennen im Leistungsbereich gefinished.

Mit seiner Laufschule *SmartRunning* in München bietet er Personal Coachings an und betreut offene Gruppen und zahlreiche namhafte Firmen. Sein besonderes Anliegen ist das Einsteigertraining.

Lars Kreiselmeier, Jahrgang 1975, hat an der Technischen Universität München Diplom-Sportwissenschaften mit Schwerpunkt Prävention/Rehabilitation studiert. Als Sportler hat er sich bereits in frühester Jugendzeit auf die klassische Leichtathletik konzentriert. Er verfügt über eine jahrzehntelange Lauf- und Wettkampferfahrung vom Sprint bis hin zum Marathonlauf und war zuletzt Mittelstreckenläufer.
Als Lauftrainer möchte er vor allem Spaß und Freude vermitteln und zeigen, dass Laufen mehr ist als nur monotones Vor-sich-hin-Traber.

Impressum

Bibliografische Information der Deutschen Nationalbibliothek

Die Deutsche Nationalbibliothek verzeichnet diese Publikation in der Deutschen Nationalbibliografie; detaillierte bibliografische Daten sind im Internet über http://dnb.d-nb.de
abrufbar.

2., überarbeitete Auflage

BLV Buchverlag
GmbH & Co. KG

80797 München

© 2015 BLV Buchverlag GmbH & Co. KG, München

Das Werk einschließlich aller seiner Teile ist urheberrechtlich geschützt. Jede Verwertung außerhalb der engen Grenzen des Urheberrechtsgesetzes ist ohne Zustimmung des Verlags unzulässig und strafbar. Das gilt insbesondere für Vervielfältigungen, Übersetzungen, Mikroverfilmungen und die Einspeicherung und Verarbeitung in elektronischen Systemen.

www.facebook.com/blvVerlag

Bildnachweis
Alle Fotos von Ulli Seer, außer: S. 23, 89, 121 Shutterstock/Maridav; S. 90 Shutterstock/Halfpoint; S. 95 Shutterstock/Monkey Business Images; S. 112, 115 Josef Rüter; S. 136/137 Shutterstock/lightpoet; S. 141 Shutterstock/De Visu

Umschlagkonzeption: Kochan & Partner, München
Umschlagfotos:
Titelbild: istock
Rückseite: Ulli Seer

Lektorat: Stella Rahn
Herstellung: Angelika Tröger
Layoutkonzept Innenteil: Kochan & Partner, München
DTP: Uhl+Massopust GmbH, Aalen

Gedruckt auf chlorfrei gebleichtem Papier

Printed in Germany
ISBN 978-3-8354-1371-9

Hinweis
Das vorliegende Buch wurde sorgfältig erarbeitet. Dennoch erfolgen alle Angaben ohne Gewähr. Weder Autoren noch Verlag können für eventuelle Nachteile oder Schäden, die aus den im Buch vorgestellten Informationen resultieren, eine Haftung übernehmen.

Schnell & dauerhaft abnehmen!

Jörg Birkel/Corinne Mäder/Peter Konopka
Lauf-Schlank-Coach für Frauen
Coaching und Trainingspläne für verschiedene Leistungsniveaus, z. B. für Einsteigerinnen, 10 km-Läufe, Intervalltraining, Frauen mit wenig Zeit oder Fortgeschrittene. Ganzheitliche Ernährungsstrategie und Motivationstricks. Rezepte für den ganzen Tag – auch für Snacks zwischendurch – und Tipps fürs Essen in der Kantine.
ISBN 978-3-8354-1309-2